UNE PAGE DE L'HISTOIRE

DE

NAPOLÉON Ier

LE CAPITAINE BONAPARTE A AVIGNON

(JUILLET-AOUT 1793)

PASSAGE DE NAPOLÉON A AVIGNON EN 1814

Par Olivier LE MOINE

CAPITAINE AU 141e RÉGIMENT D'INFANTERIE

PARIS

Henri CHARLES-LAVAUZELLE

Éditeur militaire

10, Rue Danton, Boulevard Saint-Germain, 118

—

(MÊME MAISON A LIMOGES)

UNE PAGE

DE

L'HISTOIRE DE NAPOLÉON IER

UNE PAGE DE L'HISTOIRE

DE

NAPOLÉON IER

LE CAPITAINE BONAPARTE A AVIGNON

(JUILLET-AOUT 1793)

PASSAGE DE NAPOLÉON A AVIGNON EN 1814

Par Olivier LE MOINE

CAPITAINE AU 141° RÉGIMENT D'INFANTERIE

PARIS

HENRI CHARLES-LAVAUZELLE

Éditeur militaire

118, Boulevard Saint-Germain, Rue Danton, 10

(MÊME MAISON A LIMOGES)

PRÉFACE

On a beaucoup écrit l'histoire de Napoléon Ier. De tous les grands hommes de guerre, c'est peut-être l'Empereur dont la vie et les campagnes ont été le plus souvent racontées, soit par les historiens, soit par les généraux qui ont suivi sa fortune. Les uns et les autres s'accordent à dire que Napoléon fut quelque temps employé à la répression de l'insurrection fédéraliste du Midi, et que son premier fait d'armes marquant fut la prise de Toulon en 1794.

Un seul point est toujours resté dans l'ombre : c'est ce que fit Napoléon, officier subalterne, entre sa première campagne (l'expédition de Sardaigne) et le siège de Toulon; c'est ce point que nous avons entrepris d'élucider.

En étudiant l'histoire d'Avignon, nous avons eu souvent l'occasion de lire que Napoléon, alors capitaine d'artillerie, aurait effectivement commencé sa carrière sous les murs de cette ville. Une tradition fort accréditée dans le pays veut, en effet, que le capitaine Bonaparte ait joué un rôle capital lors de la soumission de la ville d'Avignon, insurgée, en 1793, contre la Convention Nationale.

Il est incontestable que la légende avignonnaise n'est pas sans un fond de vérité. Dans son ouvrage intitulé *Bonaparte et son temps*, M. le général Yung constate la présence du jeune officier parmi les troupes qui assiégièrent Avignon. En tout cas, le long séjour qu'y fit ensuite celui-ci permet de retrouver facilement les traces de son passage.

Il nous a donc paru intéressant de chercher à mettre d'accord la tradition locale et les auteurs militaires qui ont traité la question. C'est pourquoi nous avons essayé, en consultant les archives départementales et la bibliothèque de la ville, d'établir la part exacte que prit Bonaparte à la répression des fédéralistes. Cette part ne fut pas sans importance; mais, l'insurrection avignonnaise ayant par elle-même été fort peu de chose, les opérations autour de la ville ne méritent d'être citées que comme peu connues et à titre de curiosité. Cet épisode de nos guerres civiles constitue, en somme, un début plus que modeste et ne peut compter que pour bien peu dans la prodigieuse carrière de l'homme qui fut Napoléon.

UNE PAGE

DE

L'HISTOIRE DE NAPOLÉON IER

I

Situation du Comtat en 1793. — Insurrection du Midi contre la Convention. — Marche des Marseillais sur Avignon. — Combats sur les bords de la Durance et reddition de la ville. — Bonaparte envoyé de Nice à Avignon. Son arrivée à Cadenet.

Au moment où commence ce récit, près de trois ans s'étaient écoulés depuis la chute, à Avignon, du pouvoir pontifical. En vain, depuis cette époque, les habitants du Comtat avaient demandé la réunion de leur pays à la France. Leurs démarches restées sans résultat, le pays, livré à l'anarchie, se trouva en proie aux plus horribles désordres. Enfin, le 28 mars 1793, l'Assemblée Nationale faisait paraître une loi partageant l'ancien Comtat en deux districts ou arrondissements : l'un, celui de Vaucluse, avec Avignon pour chef-lieu, devait échoir aux Bouches-du-Rhône ; l'autre, celui de l'Ouvèze, était incorporé dans la Drôme, son chef-lieu étant Carpentras.

Avignon se vit, à partir de ce moment, gouverné à la fois par les délégués du département des Bouches-du-Rhône, par la municipalité, que présidait un cultivateur du nom de Cartoux, et par un comité d'administration provisoire. Il y avait aussi les Sections, anciennes milices paroissiales commandées jadis par des capitaines de paroisses, et dont l'organisation remontait au XIVe siècle. Elles étaient devenues, en 1793, une sorte de garde nationale composée d'éléments hétérogènes, de gens d'une honnêteté douteuse, d'opinions variant selon les quartiers, et pour qui la discipline était à peu près lettre morte. Armés et équipés irrégulièrement, les sectionnaires, toujours menaçants, étaient redoutables même pour la cause qu'ils servaient et, selon un mot célèbre depuis, capables « de défendre les institutions et au besoin de les combattre ».

Les Sections avignonnaises avaient été au nombre de sept ; mais une des plus importantes, celle des Grands-Carmes, s'étant fondue avec celle de la Congrégation des hommes (aux Saintes-Maries), il en restait six dont voici les noms :

1° Les Amis des Lois, siégeant aux Doctrinaires (1) ;

2° Les Amis de l'Humanité et de la Liberté (à Sainte-Marie) (2) ;

3° L'Équité (au Verbe incarné) (3) ;

4° Les Amis des Lois (à l'Oratoire) (4) ;

5° Les Amis du Peuple (au collège) (5) ;

6° Saint-Pierre (à l'église de ce nom) (6).

Deux d'entre elles, on peut le voir, portaient la même appellation.

---

(1) A l'ancien palais Corsini, alors couvent des Doctrinaires, sous le titre de Saint-Jean-le-Vieux, dans la rue de ce nom.

(2) Rue Philonarde, près de la place Pignotte.

(3) Au coin des rues des Lices et Petit-Paradis, local actuel des Patriotes de Vaucluse.

(4) A l'église actuelle de l'Oratoire.

(5) Au lycée actuel, ancien collège des Jésuites, employé comme caserne depuis leur suppression.

(6) A l'église Saint-Pierre, sur la place du même nom.

La population, soumise à ces divers pouvoirs, présentait un curieux mélange d'opinions et de caractères : partisans de la Plaine, de la Montagne, anciens nobles, tous se détestant cordialement et dont les rixes continuelles venaient trop souvent ensanglanter la ville. Un autre parti, fort nombreux dans la contrée, et qui fut longtemps sans désarmer, celui de l'autorité papale, s'agitait sourdement et entretenait la discorde, espérant pêcher en eau trouble.

Telle était la situation du pays dont les délégués des Bouches-du-Rhône avaient pris possession le 29 avril, lorsque, le 31 mai, la France apprit la chute des Girondins à Paris et le triomphe de la Terreur.

Une insurrection éclatait aussitôt dans tout le Midi ; Marseille, levant l'étendard de la révolte, était la première à se soulever contre la Convention. Le décret du 22 juin, dirigé contre les députés du centre droit et les membres de la commission des Douze, mettait le comble à l'exaspération. De nombreux appels aux armes avaient lieu par toute la Provence, qui s'apprêtait à marcher sur la capitale, et des députés quittaient l'Assemblée pour aller fomenter l'insurrection. Rebec, entre autres, se rendait dans les Bouches-du-Rhône pendant que Rabaut de Saint-Etienne accourait à Nîmes pour faire concourir le Languedoc au mouvement général. Le Gard et l'Hérault mettaient en marche leurs bataillons, lesquels avaient pour mission, après s'être emparés de Pont-Saint-Esprit, d'occuper les passages du Rhône et de donner la main aux Marseillais qui remontaient le fleuve.

Ces derniers, lançant contre la Convention un foudroyant manifeste, avaient réuni une armée d'environ 4.000 hommes, pourvue d'un matériel considérable et qui, s'avançant d'Aix sur Avignon, devait rejoindre les Languedociens de Pont-Saint-Esprit.

Les Marseillais espéraient, au cours de leur marche, soulever les populations riveraines du Rhône, celles de la

Drôme, de l'Isère et, enfin, se relier avec les montagnards de l'Ain et du Jura. A leur tête était un tailleur borgne appelé Rousselet, ancien sous-officier, qui s'affublait du titre pompeux de « Commandant-général du bataillon des trente-deux Sections de Marseille ».

Après plusieurs jours de marche, les troupes marseillaises se présentaient, le 6 juillet, sur les bords de la Durance, précédées d'une proclamation, datée de Tarascon, dans laquelle le commandant général Rousselet disait que, s'il tombait dans Avignon une goutte du sang de ses « chers camarades (1) », il tirerait une vengeance terrible des perfides assez osés pour ne pas reconnaître, dans les enfants de Marseille, les plus fiers défenseurs de l'indivisibilité de la République française.

Le jour même avait lieu, sur les bords de la Durance, un engagement entre les Avignonnais et les Marseillais secondés par les Lislois établis dans l'ancienne chartreuse de Bonpas (2). Vaincus, les Avignonnais se retiraient après une courte résistance, et Rousselet, dressant son camp à une lieue d'Avignon, sommait la ville de lui ouvrir ses portes.

Avignon n'avait pour toute défense que les Sections, sur lesquelles on ne pouvait compter sérieusement, bien qu'elles fissent mine de courir aux armes ; les troupes fédéralistes achevaient de jeter l'effroi parmi les assiégés en brûlant un corps de garde situé en dehors de la porte Saint-Roch, et la journée se passait en dispositions offensives et défensives.

Enfin, le 7, à 6 heures du soir, Avignon, se rendant, ouvrait ses portes aux Marseillais *sans qu'aucun coup de feu eût été tiré d'aucun côté* (3).

---

(1) Les Avignonnais ennemis de la Convention.

(2) C'est ce jour-là qu'aurait eu lieu l'épisode diversement commenté d'Agricol Viala.

(3) Extrait du journal du notaire Chambaud, témoin oculaire ; il tint jour par jour une relation de tous les événements depuis la Révolution ; son fils la continuait après lui, quelques années durant.

Cette facile victoire de Rousselet était due à la municipalité, qui, saisie d'une crainte salutaire à la lecture des
proclamations du « Commandant-général », avait jugé plus
prudent de laisser tranquillement entrer l'ennemi. Défense
était même faite aux Avignonnais, non seulement de
faire feu, mais encore de riposter en cas d'attaque, cela
sous peine de mort (1).

La ville s'étant donc rendue sans combat, les administrateurs du district et la municipalité crurent de leur devoir
d'aller au-devant du vainqueur et ils se rendirent en corps
à la rencontre de Rousselet. Celui-ci, fier de son succès,
leur donnait l'accolade, puis faisait fermer hermétique-
ment toutes les portes, hormis celle par où devait s'effec-
tuer son entrée triomphale.

Ayant ainsi pris possession d'Avignon, le chef des Marseillais y faisait main-basse sur quatorze canons appartenant au 4e régiment d'artillerie (2). Le lendemain, 8 juillet,
il exigeait le dépôt, à l'arsenal du Palais, et dans un délai de
deux heures, de toutes les armes appartenant aux habitants, promettant, toutefois, de réarmer « ceux qui s'en
montreraient dignes. » A la fin de la journée, il se prome-
nait publiquement, avec le maire d'Avignon, Cartoux, aux
applaudissements d'une foule enthousiaste.

Mais, dès le soir, Rousselet se montrait déjà moins bien-
veillant ; ses soldats, répandus par toute la ville, y semaient
la terreur en massacrant ou jetant en prison tous les gens
coupables de ne pas partager leur manière de voir. En
quelques heures, les maisons d'arrêt de la Miséricorde (3) et
d'Honorati (4) regorgeaient de malheureux voués au sup-
plice ; d'autres étaient fusillés en pleine rue, et les Marseil-

---

(1) Journal de Chambaud.
(2) Régiment auquel appartenait Bonaparte.
(3) Dans l'ancien couvent de ce nom, disparu aujourd'hui, alors rue
des Lices, face au portail Magnanen, au coin de la rue Pétramale.
(4) Dans l'ancien hôtel de la famille Honorati.

lais répondaient par d'effroyables excès à la soumission de la cité papale. Rousselet dut alors intervenir. Il calma l'ardeur de ses troupes et fit relâcher de nombreux prisonniers. Le 9, les Sections se réunissaient et leurs chefs, dans un discours moitié français, moitié provençal, proclamaient l'oubli du passé, excepté pour les instigateurs des troubles. Ceci s'appliquait, bien entendu, à ceux qui, ayant pu s'opposer à l'entrée des fédéralistes, traqués, dénoncés, devinrent l'objet de mesures de rigueur. Des visites domiciliaires étaient prescrites et un Comité de surveillance établi pour recevoir les dépositions contre eux. Le même jour, la municipalité était renversée, les administrations cassées, et des créatures de Rousselet prenaient les rênes du pouvoir.

Pendant que se passaient ces événements, un jeune officier, venant de l'armée d'Italie, se dirigeait vers Avignon.

C'était Napoléon Bonaparte, récemment arrivé de l'expédition de Sardaigne, qui lui avait valu, le 8 mars 1793, le grade de capitaine commandant au 4e régiment d'artillerie (1). Parti de Nice, le 8 juillet, par ordre des commandants Duteil et Faultrier, il devait ramener d'Avignon des pièces de canon et des munitions qui s'y trouvaient en quantité assez importante (2). La prudence la plus élémentaire lui enjoignait de passer par le Var et la Durance, le cours du Rhône et tout le pays avoisinant étant aux mains des insurgés.

Au moment où Bonaparte se mettait en route, les Marseillais occupaient Avignon depuis vingt-quatre heures, et le jeune capitaine apprenait, chemin faisant, la chute de

---

(1) Il était capitaine en second depuis le mois de février 1792.

(2) Et non pas un convoi de quarante charrettes de poudre arrivé avec lui de Valence, comme le prétend à tort la chronique de Joudou. L'origine de cette erreur provient évidemment de l'arrivée d'un convoi de cette importance, descendu de Valence par eau et signalé dans le journal de Chambaud comme étant entré en ville le 30 juin 1793.

la ville, ainsi que la prise des pièces qu'il avait ordre de ramener. Les bruits les plus contradictoires se répandaient autour de lui, et chaque jour apportait la soi-disant nouvelle d'un succès ou d'un échec de la Convention.

Loin de se laisser intimider, Bonaparte continuait rapidement sa route, espérant rencontrer des troupes amies et voulant se porter au-devant d'elles pendant que le pays était encore libre. Mais, une fois à Cadenet, force lui fut de s'arrêter pour songer à sa sûreté personnelle.

Tout était à feu et à sang, la Basse-Durance entière se trouvait infestée de Marseillais, dont les détachements battaient le pays en tous sens. Un fort parti de rebelles, passant le Rhône en bac, s'était même emparé du fort Saint-André, à Villeneuve-lez-Avignon, d'où il dominait le cours du Rhône, et se reliait à 1.200 gardes nationaux du Gard, maîtres de la citadelle de Pont-Saint-Esprit (1). Une lettre du procureur-syndic du département avait en vain protesté contre cet acte de violence : les Marseillais, usant du droit du plus fort, n'avaient rien voulu entendre (2).

La situation de Bonaparte était difficile. Il avait devant lui, et à sa gauche, l'insurrection maîtresse dans Avignon où les Marseillais, au lieu de donner la main aux insurgés de Lyon et des départements voisins, prolongeaient leur séjour, en attendant des renforts. S'il continuait sa route, c'était se livrer lui-même aux insurgés ; quant à retourner à Nice, comme il était venu, c'était pour lui la honte, et son amour-propre ne pouvait se faire à l'idée de n'avoir pas rempli sa mission. Il n'était pas homme à agir de la sorte, et, la rage dans le cœur, il allait peut-être se remettre

---

(1) Le bac était alors le seul moyen de communication entre les deux bras du Rhône, le pont Saint-Bénézet étant coupé depuis 1680 et le pont suspendu ne devant être établi qu'en 1808. Le bac passait entre l'île Piot (alors île d'Argenton) et la Barthelasse, séparées par le fleuve qui coulait sur l'emplacement actuel du jeu de boules.

(2) La lettre existe encore aux archives de Villeneuve.

imprudemment en route, lorsque parvint à Cadenet la nouvelle que la Convention formait un corps d'armée destiné à combattre les insurgés.

Bonaparte n'hésite plus, son parti est pris, et, bien que sachant à peine où il rencontrera les troupes, il part de Cadenet, le 13 juillet dans la nuit. Marchant tantôt sur les routes, tantôt à travers champs, il cherche à gagner les bords du Rhône, où il pense devoir rencontrer l'armée dirigée sur Avignon révolté.

II

La nouvelle reçue par Bonaparte, à Cadenet, était vraie; l'événement allait prouver que ses prévisions ne l'étaient pas moins quand il pensait rejoindre, pendant leur route, les troupes de la Convention.

Celle-ci s'empressait, en effet, de mettre à profit l'inaction de Rousselet pour organiser un petit corps d'armée destiné à barrer le passage aux insurgés du Midi. Les mesures prises dès le début n'avaient permis qu'à grand'-peine de former la faible armée envoyée contre les Marseillais. Sa composition était la suivante :

Le 2e bataillon du 59e (ex-Bourgogne), aux ordres du commandant Pellapra.

Le 3e bataillon des volontaires nationaux des Basses-Alpes.

La 17e compagnie légère du 4e d'artillerie, capitaine commandant Dommartin, avec le capitaine en 2e Perrier, et les lieutenants Muiron (1) et Duroc (2);

Un bataillon de la légion du Mont-Blanc;

La légion allobroge de Doppet, c'est-à-dire deux bataillons d'infanterie avec le commandant Dessaix (3), une compagnie de canonniers et quelques dragons; trouvés à Valence, où l'armée s'était concentrée le 5 juillet.

---

(1) Devenu bientôt après colonel, puis aide de camp de Bonaparte, et tué au pont d'Arcole en couvrant son général de son corps.

(2) Le futur grand maréchal du Palais, duc de Frioul.

(3) Il importe de ne pas confondre le commandant Dessaix avec le général Desaix, tué le 14 juin 1800 à Marengo. Dessaix, né à Thonon, le 24 septembre 1764, avait commencé par servir dans la garde nationale

Ces divers détachements formaient un total d'un peu plus de 2.000 hommes commandés par les adjudants-généraux Dours et Fox, le tout aux ordres d'un chef aussi vain qu'inexpérimenté, Carteaux. Cet officier-général était doublé d'un peintre médiocre, et l'on peut voir de lui, à Versailles, un portrait équestre de Louis XVI, signé « Carteaux, peintre du roy, officier de la cavalerie parisienne ». Bel homme, « doré des pieds à la tête (1) », plein de jactance, déclamant facilement de grandes phrases, brave d'ailleurs, il s'était bien montré dans les émeutes de Paris, et, du peintre de Louis XVI, la Convention avait fait un général. Rien à dire des deux adjudants-généraux en sous-ordre. Quant au chef d'escadron Doppet, plus tard général, et qui joua un certain rôle pendant la campagne, c'était tout bonnement un médecin.

Le 7 juillet, l'armée quitte Valence, le 11 elle est à Lapalud et, le 12, Carteaux, qui a pour ordre de s'emparer de Pont-Saint-Esprit et d'Aramon, marche sur la première de ces deux places. Il arrive, le 14, devant la citadelle qu'il trouve évacuée par sa garnison languedocienne; celle-ci, s'enfuyant à son approche, était retournée à Nîmes dans le plus complet désordre.

Le même jour, pendant que, sans coup férir, Carteaux entre à Pont-Saint-Esprit, deux compagnies de Marseillais sortent d'Avignon pour se porter sur Orange; c'est le premier mouvement stratégique exécuté par le « commandant-général » Rousselet. A peine ont-elles fait une demi-lieue, qu'elles se trouvent brusquement face à face avec le bataillon du Mont-Blanc, la Légion allobroge, deux

---

soldée parisienne. Il organisa la *Légion franche* allobroge, le 15 août 1792, fit toutes les campagnes de la Révolution et de l'Empire et mourut, le 26 octobre 1834, comme général de division. Napoléon l'avait surnommé « l'Intrépide ». La Légion allobroge était vêtue de drap vert, bonnet, culotte et bottes à la hongroise, et buffleteries noires.

(1) *Mémorial de Sainte-Hélène*, septembre 1815.

compagnies du 59ᵉ et quelques canons, commandés par Doppet. Un combat violent s'engage ; les troupes de la Convention, plus nombreuses et mieux aguerries, ont facilement raison des fédérés qui, après une courte fusillade, lâchent pied et rentrent dans Avignon, débandés, jetant leurs armes, criant à la trahison et annonçant que l'ennemi est sur leurs traces.

Doppet ne les avait cependant pas poursuivis ; il s'était porté sur Bollène, Mornas et Mondragon, qu'il occupait pour couper la route aux détachements qui auraient pu renforcer Pont-Saint-Esprit. Des fractions de ses dragons allaient à la découverte jusqu'au bord de la Durance, pour surveiller les renforts envoyés de Marseille à Avignon et isoler cette ville du reste du Comtat également insurgé.

Le 15 au matin, les Avignonnais apprennent que les fédéralistes, épouvantés de leur premier échec, ont de bonne heure abandonné la ville. Ici, changement de décor : une fois le premier mouvement de surprise passé, les prisonniers sont délivrés, l'ancienne municipalité réinstallée et les quelques Marseillais, restés en arrière, vont remplacer dans les prisons ceux qu'ils y avaient jetés quelques jours avant. C'est aux amis de la Convention à relever la tête et à leurs vainqueurs de la veille à se cacher.

Le soir, un trompette vient, de la part de Carteaux, sommer Avignon de se rendre.

La municipalité fait le meilleur accueil au parlementaire et envoie au commandant allobroge Dessaix, qui est le plus près des remparts, un émissaire chargé de lui apprendre que la Convention règne de nouveau dans la ville. Mais à peine le messager de paix est-il parti, qu'un effroyable tumulte se fait entendre du côté des portes Saint-Michel et l'Imbert, par où les fédéralistes s'étaient retirés le matin. Des femmes et des enfants, affolés, accourent de tous côtés en criant : « Les voici, ils arrivent ! Voici les Marseillais ! »

La stupéfaction est à son comble ; les uns courent aux

armes, d'autres s'enfuient, le plus grand nombre reste plongé dans un douloureux étonnement. Il n'est que trop vrai : Rousselet et les Marseillais, honteux de leur mouvement de retraite, dû à leur seule frayeur, rentrent furieux, la menace à la bouche, et se précipitent dans les rues, traînant après eux une artillerie formidable. Exaspérés du traitement infligé à leurs camarades restés dans Avignon, ils sont prêts à faire de nombreux exemples. Une lutte sanglante commence dans les rues ; les Marseillais occupent les postes du Palais et de la Commune, et logent à la porte Saint-Lazare un canon braqué sur la route du Pontet (1). Deux cents d'entre eux renversent la statue de la Liberté, élevée sur la place de l'Horloge, la traînent dans la boue et, aux applaudissements de la multitude, la mettent en pièces à coups de sabre (2).

Il va sans dire qu'avec le retour inattendu des Marseillais la scène change encore une fois : leur premier soin est de rétablir leurs partisans dans tous les emplois et de réintégrer en prison l'ancienne municipalité qui n'avait repris le pouvoir que pendant quelques heures. Disons, en passant, que la rentrée des fédéralistes et le brusque et continuel déplacement des pouvoirs publics amenèrent, pendant près d'un mois, la suspension d'enregistrement de tous les actes de l'état-civil, naissances, mariages, décès, etc., et que ce fut au prix des plus grandes difficultés que l'on put y remédier par la suite.

La plupart des partisans de la Convention, ne sachant que trop bien le sort à eux réservé s'ils venaient à tomber au pouvoir de leurs ennemis, avaient pris la fuite. Plus de 200 d'entre eux avaient pu gagner Sorgues, d'où ils avaient appelé à leur aide les troupes de Carteaux. Celui-ci, fort inquiet de la tournure que prenaient les choses, s'em-

---

(1) Alors route de Lyon en Provence.
(2) *Souper de Beaucaire.*

pressait de réunir au Pontet son armée que venaient renforcer un bataillon de gardes nationaux de la Lozère et deux pièces d'artillerie envoyées par Fabre de l'Hérault.

Dans la soirée du 15, il dressait son camp en arrière et près du village; puis, après avoir établi son quartier général au château Roberty (1), il envoyait encore plusieurs trompettes faire, devant les remparts d'Avignon, de nouvelles et vaines sommations.

Le soir même, le camp était à peine installé qu'un militaire couvert de sueur et de poussière, pâle, les cheveux défaits et l'uniforme déchiré, se présentait aux avant-postes et demandait à être conduit au général.

C'était Bonaparte, qui, bien que fatigué et souffrant de la fièvre, n'avait pas hésité à se mettre en route à ses risques et périls. Croyant déjà en son étoile, le jeune officier s'était rabattu sur Apt, puis sur Sault, et, s'informant à chaque pas, avait fini par savoir l'emplacement exact des troupes. Sans s'inquiéter des détachements ennemis qui pouvaient le reconnaître à son uniforme et le faire prisonnier, Bonaparte s'était dirigé, à travers les canaux et les fondrières, sur le Pontet, où il arrivait à la tombée de la nuit, brisé de fatigue et le visage ensanglanté par les ronces et les oseraies. Apercevant enfin les tentes de Carteaux, il oubliait sa course précipitée et, heureux de toucher enfin au but, répondait par un cri de joie au « Qui vive ? » des sentinelles allobroges.

-----

(1) Disparu aujourd'hui, sur l'emplacement actuel de la maison de M. Thomas.

III

Bonaparte au camp. — Conseil de guerre tenu par Carteaux. — Bona-
parte reçoit le commandement de l'artillerie de la colonne volante.
— Marche de la colonne. — Son entrée à Villeneuve-lez-Avignon.

Au moment où Bonaparte, hors d'haleine, arrivait au camp, Carteaux et ses principaux officiers, réunis en conseil de guerre, agitaient la grave question de l'attaque d'Avignon. Étaient également présents les citoyens Albitte et Rovère, représentants du peuple à l'armée du Midi, sorte de *missi dominici* investis par la Convention d'un pouvoir illimité, disposant à leur gré des généraux et des troupes et donnant, sans en être responsables, des ordres qu'il fallait exécuter sans murmure, si l'on ne voulait jouer sa tête. Ces derniers penchaient pour une attaque immédiate et de vive force; Carteaux, au contraire, était d'avis de différer encore, trouvant, non sans raison, que la ville n'était pas des plus faciles à prendre. Il n'avait, en fait d'artillerie, que six pièces de 4 (1), tandis que les Marseillais, déjà en forces supérieures, disposaient d'un nombre de canons considérable, ceux-ci d'un calibre plus élevé. Outre cela, les remparts d'Avignon, garnis de batteries et précédés d'un large fossé où coulait l'eau du Rhône et des Sorguettes, présentaient, bien que plusieurs fois séculaires, une défense avec laquelle il fallait compter et que complétaient les ravelins, ouvrages avancés élevés devant chaque porte.

Attendre des renforts était l'avis du général et d'un

---

(1) Huit, avec les deux pièces de Fabre de l'Hérault.

certain nombre d'officiers ; mais les représentants, ne voulant rien entendre, déclaraient qu'il était urgent d'attaquer quand même, la résistance d'Avignon n'ayant déjà que trop duré. La discussion, des plus vives, allait peut-être s'envenimer, lorsqu'on vint annoncer à Carteaux qu'un officier, arrivant de Nice, demandait à être entendu par lui et Bonaparte est introduit.

C'était déjà le « Corse aux cheveux plats » d'Auguste Barbier. Son air maladif, son teint pâle et sa tenue en désordre étaient loin de prévenir en faveur du jeune capitaine, connu seulement des officiers de son régiment présents au conseil. Prenant hardiment la parole, il raconte son odyssée depuis son départ de Nice et donne des renseignements précis sur l'état du pays qu'il a traversé. Mis au courant de la question, il déclare que les Marseillais n'ont pour eux que le nombre et leur excellente artillerie ; à part cela, ils n'ont, dit-il, que des troupes médiocres. Il faut les combattre *avant l'arrivée de leurs renforts*, attaquer sans retard, à tout prix, et leur prouver que l'on ne brave pas impunément la Convention nationale.

Peu à peu, Bonaparte entraîne ses auditeurs, séduits par l'énergie de son regard enfiévré et son langage coloré que fait ressortir encore un très fort accent corse. Il a bientôt fait passer la conviction qui l'anime dans l'esprit des représentants. Ceux-ci se déclarent de son avis et l'attaque est enfin décidée. Elle doit avoir lieu de deux côtés à la fois ; une colonne volante fera diversion par la rive droite du Rhône, en s'emparant de Villeneuve, pendant que le reste des troupes marchera contre Avignon. En cas de succès, trois salves d'artillerie, tirées de l'intérieur de la ville à minuit, seront pour la colonne mobile le signal de la victoire de Carteaux (1).

---

(1) Journal de Chambaud.

Dans la matinée du 17, on procède à la formation de la colonne qui doit traverser le Rhône et enlever Villeneuve, place éminemment avantageuse pour bombarder Avignon. Mais tout marche lentement; Carteaux, par un reste de mauvaise volonté, crée à chaque instant des difficultés et un temps précieux s'écoule avant que le petit corps soit définitivement constitué. Il est enfin réuni et comprend : 300 hommes du 2e bataillon du 59e (ex - Bourgogne); deux compagnies de gardes nationaux de la Drôme; 16 canonniers et deux pièces longues de 4 appartenant à l'artillerie légère de la Légion allobroge.

L'adjudant-général Dours (1) prend le commandement de la colonne, et Bonaparte, qui a demandé avec instance à combattre, est mis à la tête des artilleurs et des deux uniques pièces, tandis que Dommartin, plus ancien que lui, demeurait au corps principal avec la 17e compagnie.

Etrange destinée! Celui qui, quelques années après, devait être le maître du monde, et « parcourir l'Europe à cheval (2) » commençait par marcher contre quelques insurgés de Villeneuve-lez-Avignon, en n'ayant sous ses ordres que seize canonniers et deux bouches à feu. Qui sait, lorsque, plus tard, l'Empereur mettait en batterie 587 canons à la Moskowa et 600 à Leipsick, s'il n'était pas tenté de sourire en se rappelant le faible détachement qui composa sa première artillerie?

La colonne se met enfin en marche et remonte lentement la rive gauche du Rhône, jusqu'au bac de Roquemaure, où elle franchit le fleuve; Bonaparte, à cheval à la tête de sa troupe, veille avec un soin jaloux au passage des pièces, qui présente d'assez sérieuses difficultés. Le Rhône, très bas à cette époque de l'année, est hérissé d'îlots et de

---

(2) Assassiné à Bollène, sa ville natale, en 1795.
(1) Paroles de Napoléon, mourant, traduites par le général Bertrand au médecin anglais Arnott.

bancs de sable presque à fleur d'eau, parmi lesquels le bac, alourdi par les caissons, les avant-trains et les pièces, vient constamment échouer. Ce n'est que peu à peu, et les uns après les autres, que sont transportés les attelages et le matériel, dont le passage dure plusieurs heures. Dévoré d'impatience, le jeune capitaine stimule sans cesse les conducteurs et se plaint de voir perdre un temps considérable. Longtemps après, en pareille circonstance, il répondait à quelqu'un : « Demandez-moi tout, hormis du temps, cela seul est hors de mon pouvoir (1). » Ces paroles expriment suffisamment l'importance qu'il attachait déjà aux mouvements rapidement exécutés.

Le passage s'achève enfin, et la colonne, rassemblée sur la rive droite, entre le 20 juillet au soir à Roquemaure, où elle séjourne jusqu'au lendemain matin.

Il est encore nuit quand, le 21, Dours donne le signal du départ. La colonne, marchant sur la route, traverse le village de Sauveterre encore endormi, puis, prenant à travers champs, passe au milieu du bois de Four (2), alors d'une certaine étendue, et débouche en vue du fort Saint-André, par les hauteurs qui dominent l'ancien étang de Pujaut (3).

Aux premiers rayons du jour, les sentinelles marseillaises placées derrière les créneaux du vieux fort aperçoivent au loin les troupes de la Convention, qui, rangées en bataille sur les collines environnante, menacent la ville et le château. Elles distinguent les canons de Bonaparte qui viennent prendre position au milieu d'un nuage de poussière, où l'on reconnaît l'habit bleu et le pantalon rayé tricolore de l'infanterie républicaine. Plus de doute, l'ennemi

---

(1) *Mémorial de Sainte-Hélène*, 19 avril 1816.

(2) Ainsi appelé à cause du couvent des religieuses de Furno ou du Four, fondé en 1238 par dom Calveria, abbé de Saint-André-de-Villeneuve. Les ruines de leur couvent existaient encore à cette époque.

(3) Le plateau des Chèvres et ses environs.

est là ; les canons et les baïonnettes qui reluisent au soleil levant annoncent la présence d'un corps considérable qui arrive par les montagnes de Pujaut ! Perdant la tête, les factionnaires se sauvent en donnant l'alarme ; la panique se propage avec la rapidité d'une traînée de poudre, et la garnison du fort s'enfuit vers le bac à traille, se bousculant pour arriver plus vite sur le sentier étroit qui longeait le Rhône et que la route de Roquemaure remplace aujourd'hui. Embarqués pêle-mêle, les Marseillais traversent le fleuve au plus vite et rentrent dans Avignon, laissant derrière eux quelques-uns de leurs camarades qui, n'ayant pu trouver place dans le bac, plein à chavirer, disparaissent dans les rues tortueuses de Villeneuve, où ils trouvent un refuge chez les habitants.

La colonne volante descend des hauteurs et, se remettant en marche, entre dans Villeneuve sans rencontrer la moindre résistance ; son avant-garde, au lieu de pénétrer dans la ville, contourne les maisons échelonnées au pied du fort Saint-André qu'elle occupe sans retard. Le reste des troupes s'engage dans la rue principale et passe au milieu de vieilles portes en ogive, de maisons presque ruinées et de palais séculaires, jadis demeure des cardinaux dont les murs lézardés sont le seul vestige des splendeurs pontificales. Laissant à gauche la célèbre chartreuse d'Innocent VI, elles arrivent en quelques minutes sur la grande place où se trouvent l'église collégiale, Notre-Dame-de-l'Assomption et son cloître.

Un détachement, qui tourne à gauche, prend la montée allant de la place au fort Saint-André, et où s'élève encore le palais du pape Clément VI (1), il rejoint l'avant-garde et prend possession des casernements évacués par les Marseillais. Dours, avec ses officiers, s'installe à l'Hôtel-de-

---

(1) Ancien palais du cardinal Napoléon des Ursins, acheté par Clément VI peu de temps après son élévation au pontificat.

Ville et ordonne les réquisitions nécessaires auxquelles défèrent sans mot dire les habitants lesquels, groupés sur leurs portes, ont regardé défiler les soldats avec plus de curiosité que de terreur. Enfin, la plus forte partie de la colonne, prend à droite, longe l'église collégiale et, par les ruelles et sentiers avoisinants, gagne l'ancienne route de Nîmes qu'elle remonte, en cotoyant *selon toute apparence* la propriété nommée maintenant l'Ermitage (1) jusqu'à l'arceau en débris appelé Belle-Croix. Arrivées à ce point culminant, les troupes couronnent les hauteurs, à gauche de la route, depuis la Belle-Croix jusqu'au rocher de Justice (2). L'infanterie prend position en arrière des crêtes, et Bonaparte braque ses deux pièces sur la ville et le port situé entre les portes de l'Oulle et de la Ligne.

Avignon voyait alors de tous côtés ses communications interceptées.

---

(1) Actuellement à M. le capitaine en retraite Luquin.

(2) La route actuelle de Remoulins n'existait pas encore ; la route de Nîmes, passant près du col de Bellevue, continuait du champ de tir où on la voit encore, et les hauteurs de Villeneuve n'étaient coupées par aucune grande voie. Le rocher de Justice est situé entre la route actuelle de Remoulins et la villa Séménoff, près du Chêne-Vert ; on l'aperçoit en arrivant du chemin de fer du Teil, à gauche, immédiatement après avoir passé le pont de bois.

IV

Avignon assiégé. — Arrivée des troupes marseillaises de renfort. — Démission du commandant général Rousselet. — Combat du 23 juillet.

Il convient maintenant de revenir un peu en arrière et de voir ce qui se passait dans Avignon, depuis que les troupes de Carteaux campaient non loin des remparts. L'aspect de la ville était alors des plus curieux. Les partisans de la Convention, très rares depuis la fuite à Sorgues de la plupart d'entre eux, n'osaient littéralement plus bouger; la majorité de la population tenait pour les fédéralistes, et le reste était à peu près indifférent. Depuis deux ans la ville avait passé par de si terribles épreuves, le sang y avait si souvent coulé, que les Avignonnais avaient fini, non seulement par prendre leur sort avec philosophie, mais par devenir blasés, voire même sceptiques. Ils en étaient arrivés à considérer le siège en simples curieux et répondaient par des quolibets aux sommations réitérées de Carteaux, qui ne leur inspirait pas la moindre crainte.

Chaque jour, de bons bourgeois désœuvrés, montant sur le rocher des Doms ou sur les remparts, examinaient les travaux d'approche et contemplaient au loin les tentes des assiégeants. Ils allaient là comme au spectacle, et l'un d'eux, le notaire Chambaud, qui a tenu jour par jour une relation des événements depuis 1790, écrivait, le 16 juillet, les lignes suivantes :

« Cette même armée est campée près de Sorgues ; on distingue dans cet endroit quelques tentes, lesquelles, à leur blancheur, dénotent qu'on les a levées des garde-

robes des habitants des campagnes. On commence à s'ac-
coutumer à cet épouvantail de guerre, qui sera vraisembla-
blement dissipé le lendemain de l'arrivée des renforts
marseillais. »

Voilà le cas que les bourgeois d'Avignon faisaient de
Carteaux et de ses soldats ; la chose s'explique d'elle-même,
quand on pense que les Avignonnais n'avaient jamais eu
l'occasion de voir une armée. Ils ne connaissaient jusqu'alors, en fait de troupes, que les 40 chevau-légers, les
20 Suisses et les 112 soldats d'infanterie dits *pétachins* qui
composaient la garde du vice-légat, et ne pouvaient avoir
des choses militaires que l'idée la plus incomplète.
Oubliant, en outre, que les Marseillais s'étaient bravement
sauvés les deux fois où ils avaient rencontré les troupes de
la Convention, les partisans de ceux-ci croyaient, de très
bonne foi, qu'à l'arrivée de la deuxième colonne fédéraliste l'armée républicaine allait s'évanouir en fumée.

Le 17 juillet, la municipalité prend ses dispositions pour
le logement des renforts, dont l'arrivée doit disperser les
assiégeants aux quatre coins de l'horizon. Ces renforts
n'arrivent pas ! En attendant, les dragons de Carteaux,
faisant de nombreuses incursions, viennent battre l'estrade
jusqu'à portée de fusil des remparts, font main basse sur
les bestiaux, arrêtent les berlines et interceptent les cour-
riers ; la ville, de la sorte, est privée de toutes nouvelles.

Le 18 et le 19 juillet se passent encore dans l'attente
des Marseillais, qui arrivent enfin le 20, vers 2 heures
de l'après-midi, avec de l'artillerie.

Bon nombre d'entre eux, après avoir juré d'exterminer
les tyrans, étaient restés en chemin, n'ayant pu dépasser
les cabarets de leur banlieue. D'autres traînaient le long
de la route dans les villes et les villages. Mais le reste,
bien que considérablement réduit, n'en formait pas moins
une colonne imposante qui passa à bonne portée du Pontet, sans que Carteaux, déconcerté par cette brusque arri-

vée, osât tenter quoi que ce fût contre elle. Les forces marseillaises, réunies à leurs alliés d'Avignon, s'élevaient, dès lors, à près de 6.000 hommes.

Les fédéralistes célèbrent leur réunion par un banquet à l'issue duquel tous, grisés d'enthousiasme (et de vin de Châteauneuf-du-Pape), ne parlent que de tomber sur les assiégeants. Dès le lendemain, Rousselet fait demander à la municipalité un immense drapeau tricolore qu'une délégation va, en signe de défi, arborer sur les tours du Palais. C'est ainsi que les délégués, montant sur la tour de Trouillas, plus élevée que les autres, grâce à ses deux étages crénelés, se font une joie de voir les trois couleurs flotter sur la vieille résidence du pouvoir apostolique. Mais à peine ont-ils planté leur étendard que les voilà redescendant plus vite qu'ils n'étaient montés : ils se rendent rapidement près de Rousselet et lui disent que, de la plate-forme, ils ont vu entrer, à Villeneuve, un détachement de Carteaux dont les canons sont braqués sur la ville. Nous savons qu'ils disaient vrai et que, ce jour-là, Dours et Bonaparte avaient occupé Villeneuve et le fort Saint-André. D'ailleurs, la garnison marseillaise de ce fort arrive bientôt, folle de terreur, et, se répandant dans les rues, ne confirme que trop la nouvelle.

Rousselet, consterné, refuse encore de se rendre à l'évidence. Il envoie un exprès à Villeneuve demander à la municipalité si ses soldats ne sont pas le jouet d'un rêve et quelles sont les troupes qui viennent de pénétrer dans la ville. Une heure après, le messager revient qui rapporte la réponse suivante (1) :

---

(1) La lettre se trouve aux archives de la mairie de Villeneuve.

« *A Rousselet, commandant des troupes marseillaises.*

» Nous recevons votre lettre de ce jour, par laquelle vous nous demandés (*sic*) si les troupes qui sont entrées dans nos murs sont pour vous des amis ou des ennemis. Nous vous répondons que ce sont des troupes de la République que nous avons vu (*sic*) arriver avec joye ; elles ne sont ennemies et redoutables qu'aux ennemis et aux traîtres à la patrie.

» Signé : *Les officiers municipaux et notables en permanence.* »

Le doute n'est plus possible, la rive droite du Rhône se trouvant de la sorte au pouvoir de l'ennemi. En un instant, la ville paraît être en effervescence, la générale bat dans tous les quartiers, et le tocsin, appelant aux armes, sonne au jacquemart de l'Hôtel-de-ville. Bientôt tous les clochers l'imitent, et Avignon redevient un instant « l'Isle sonnante » de Rabelais. Tous les gardes nationaux se rendent à la place d'armes (la place Pie) ; les uns parlent de se retirer sur la Durance, d'autres veulent tenir dans Avignon. C'est à ce dernier parti que l'on s'arrête. Chacun alors de travailler avec ardeur aux ouvrages défensifs, tandis que les sections se déclarent en permanence.

Que fait Rousselet, dont la bravade a reçu un châtiment mérité ? Devant la gravité de la situation, le « commandant-général » n'hésite pas : il prend à l'instant un parti héroïque et..... donne sa démission.

En effet, le 22 juillet, dit Chambaud, le conseil siégeant à l'hôtel de ville et composé des commissaires du département et des membres du Comité général de l'administration provisoire, voit entrer Rousselet « avec ses épaulettes ». Se plaçant derrière les fauteuils, celui-ci donne solennellement lecture d'une lettre par laquelle il déclare démissionner; puis, il demande au conseil un certificat comme quoi *il s'est bien comporté* (!). Les membres du conseil, qui l'ont écouté plus que froidement, répondent avoir trop à faire pour s'occuper de sa demande, et l'ex-commandant se retire tout confus.

Les Marseillais se trouvaient ainsi sans chef reconnu; l'élection d'un nouveau commandant risquait de donner, parmi eux, naissance à des querelles intestines, lorsque, le 23 au matin, une attaque contre la ville les obligeait subitement à se réunir en présence de l'ennemi commun.

De son côté, pressé par les représentants du peuple, Carteaux se décidait enfin à marcher et, de très bonne heure, il disposait ses troupes en demi-cercle autour d'Avignon, de la porte Saint-Lazare à la porte Saint-Roch, le Rhône, qui passait tout près des remparts, ne permettant pas de cerner la ville.

Les troupes de Carteaux s'avancent bientôt à découvert, sur un terrain plat, vide de bâtisses et qui, coupé à chaque instant par des sorguettes, des canaux et de nombreuses haies, présentait encore l'inconvénient d'offrir aux défenseurs de la ville un champ de tir absolument dégagé. Arrivées à portée de fusil, elles commencent par attaquer vigoureusement les remparts, du haut desquels les assiégés leur rendent coup pour coup et Carteaux s'empresse de faire avancer toute son artillerie (six pièces de quatre), qui commence un feu soutenu. Lui-même, payant de sa personne avec intrépidité, se met à la tête de l'infanterie et parvient jusqu'au bord du fossé. Quelques-uns de ses soldats, escortant un canon, le conduisent, sous une grêle de balles, du chemin de Saint-Véran (1) à Saint-Roch et, le

---

(1) Sur le chemin de Réalpanier se voient encore les ruines du monastère, près du cimetière, où déjà les troupes de François Ier, marchant contre Charles-Quint, qui envahissait la Provence, avaient, au xvie siècle, multiplié les ruines et la désolation.

plaçant en batterie contre cette dernière porte, tirent à toute volée. Mais la pièce, d'un calibre trop faible, ne réussit qu'à dégrader la porte et les murs; par contre, plusieurs servants, exposés au feu des créneaux, sont tués ou blessés.

La grosse artillerie des fédéralistes, établie sur le rocher des Doms, foudroie sans relâche les troupes de la Convention; celles-ci, après un court combat, voyant la journée perdue, se retirent avec pertes et, poursuivies par les boulets marseillais, regagnent le camp du Pontet.

La colonne de Villeneuve n'avait pas secondé les mouvements de Carteaux. N'avait-elle pas d'ordres? Ne fut-elle prévenue que trop tard? Sa mission consistait-elle à n'intervenir qu'à date fixe? Les renseignements font défaut à ce sujet. Il est permis cependant de croire que les troupes étaient déjà en retraite avant que son intervention à elle pût avoir un résultat. Toujours est-il que Dours ne prit aucune part à cette journée, et que l'attaque du 23, repoussée victorieusement, jeta dans une grande perplexité l'infortuné Carteaux, lequel songeait, non sans émotion, au sort réservé par la Convention aux généraux malheureux!

V

Les représentants Albitte et Rovère, exaspérés de l'échec de leurs troupes, laissaient à peine à Carteaux le temps de respirer et le pressaient de marcher une deuxième fois contre les révoltés. En vain le général cherchait-il à leur persuader que les soldats, fatigués et abattus par cet insuccès, réclamaient du repos, et que l'on avait affaire à forte partie, du moment où les fédérés, plus que médiocres en bataille rangée, s'étaient parfaitement défendus à l'abri des remparts : les fougueux représentants demeuraient intraitables quand même. Ils voulaient, coûte que coûte, une éclatante revanche, et, dès le 24 au matin, Carteaux, toujours hésitant, était mis en demeure d'agir en vertu de l'ordre ci-après :

« Nous, représentants du peuple à l'armée du Midi, requérons le général de brigade Carteaux de sommer la ville d'Avignon, occupée par les rebelles, d'avoir à se rendre aux armées de la République.

» *Signé :* ALBITTE, ROVÈRE. »

Il fallait obéir. Une dernière sommation faite une fois, si la réponse restait négative, force serait de tenter à nouveau le sort des armes. Un dernier parlementaire est donc envoyé, porteur du message suivant :

« Je vous somme de déclarer authentiquement, dans

---

(1) Le 25, d'après le journal de Chambaud, témoin oculaire.

une heure, si vous reconnaissez oui ou non la Convention nationale. Si vous êtes résolus à obéir et faire respecter ses décrets, je vous somme d'ouvrir dans le même délai vos portes à l'armée de la République, dont chaque soldat demande à grands cris à marcher contre les rebelles.

» Si vous obéissez à la loi, si vous reconnaissez la Convention nationale, si vous nous livrez les chefs de la conjuration, les auteurs des crimes qui viennent de souiller votre ville, nous vous regarderons comme des frères; si vous résistez encore à sa voix, vous serez traités comme des contre-révolutionnaires et des rebelles. Il est temps de choisir.

» Administrateurs, je vous déclare responsables, sur vos têtes et sur vos biens, de tous les maux que pourrait entraîner sur votre ville et de tout le sang que pourrait faire répandre le refus d'accéder à la sommation formelle que je vous fais.

» Marseillais, reconnaissez l'aveuglement où vous ont plongés des chefs coupables, abandonnez-les à la justice nationale, mettez bas les armes ou attendez-vous aux châtiments réservés aux ennemis de la République et aux conjurés pris les armes à la main; ouvrez vos yeux ou préparez-vous à subir le châtiment de votre rébellion. La ville de Lisle (1) doit vous servir d'exemple; mais, si vous rentrez dans l'ordre, la ville du Saint-Esprit doit vous persuader de notre humanité et de notre respect pour les propriétés.

» Signé : Carteaux.

» Au quartier général du Pontaix (*sic*) (2), le 24 juillet 1793, l'an II de la République française, une et indivisible. »

---

(1) La ville de l'Isle avait été prise et saccagée le 23 juillet par Doppet.

(2) A l'époque où vivait Carteaux, l'orthographe n'était nullement respectée, cela datait de longtemps avant lui et dura longtemps après. La chose ne tirait pas du tout à conséquence, et des personnages plus instruits et dont la destinée ne peut être comparée à la sienne, en usèrent toujours le plus familièrement du monde avec l'orthographe.

Cette emphatique proclamation d'un général, qui sommait de se rendre à discrétion ses vainqueurs de la veille, n'était peut-être pas des plus adroites; aussi la réponse des Avignonnais ne se fit-elle pas attendre. Moins déclamatoire, mais plus brève et tout à fait énergique, elle disait :

« Nous ne reconnaissons plus la Convention nationale depuis le 31 mai dernier, parce qu'elle n'est plus dans son intégrité. Nous ne sommes pas des rebelles pour cela; au contraire, en républicains français, nous désirons que la représentation nationale recouvre cette unité et cette indivisibilité dont elle est privée.

» Nous vous requérons de vous retirer et de ne pas nous mettre dans la nécessité de repousser la force par la force.

» *Signé :* PIERTE, LAURENT, VINAY, membres du Comité général; RICARD, MILLAUDON, DIOULOUFET, PELAT, HUGUES, BONNEAUD, FERRIER, l'abbé MORENAS, administrateurs provisoires. »

Le sort en était jeté : il n'y avait plus qu'à combattre. Un dernier conseil de guerre réunissait, le 25, officiers et représentants, et une attaque avant le lever du jour se trouva résolue.

Pendant la nuit du 25 au 26 (1), les troupes du Pontet, rassemblées rapidement, prennent les armes dans le plus grand silence et se dirigent sur Avignon par la route de Lyon en Provence (2), qui vient aboutir en face de la porte Saint-Lazare.

Il est environ 2 heures du matin.

---

(1) La date du 25, indiquée par Chambaud pour ce combat est peut-être bien la vraie.

(2) Route actuelle du Pontet, située dans les États pontificaux, réparée par les ingénieurs du roi de France, lors des occupations successives du Comtat par Louis XIV et Louis XV ; sa direction et sa largeur étaient les mêmes que de nos jours.

Carteaux, craignant de voir les rayons de la lune trahir son mouvement, quitte la route aux approches de la ville et fait marcher ses troupes à l'ombre des saules et des haies, si nombreux aux environs d'Avignon. A 3 heures, on arrive en vue des remparts. Une rumeur sourde s'entend au loin dans la ville. On voit briller des lumières dans les clochers et, derrière les créneaux, la silhouette noire des sentinelles se détache sur l'azur profond du ciel. Les Avignonnais veillent. L'armée républicaine, de son côté, fait halte et se déploie lentement à travers champs sur trois colonnes. Carteaux et les représentants marchent avec celle du centre, qui doit forcer la porte l'Imbert à coups de canon, tandis que la colonne de droite attaquera la porte Saint-Lazare et celle de gauche la porte Saint-Roch. Avignon est donc assailli de nouveau sur toute sa face opposée au Rhône.

Tout à coup, un cri d'alarme retentit sur le rempart l'Imbert dont, à l'instant, les murailles et les tours se trouvent garnies de Marseillais qui commencent un feu des plus meurtriers. Carteaux commet, pour la seconde fois, la faute de « marcher à découvert contre une troupe postée et faisant feu »; il attaque sur toute la ligne, pendant que sa faible artillerie tire plusieurs salves dont l'effet est presque nul. Des deux côtés, la lutte est acharnée. Les assiégés ont pratiqué dans les remparts Saint-Michel, l'Imbert et Saint-Roch des embrasures à hauteur d'homme par où leurs pièces tirent à mitraille (1); il leur suffit de deux salves pour balayer l'infanterie occupée à l'attaque de la porte Saint-Roch. Quelques braves du 59ᵉ, qui ont pu parvenir jusqu'à cette porte, s'y maintiennent néanmoins pendant deux heures; mais ils finissent par reculer devant une fusillade intense; le commandant Pellapra, les capitaines Saint-Marc et Donmartin sont blessés.

---

(1) Journal de Chambaud (25 juillet).

Des pièces de 16, de 24 et de 36 répondent avec succès aux six canons de 4 de Carteaux et les batteries du Rocher des Doms et, prenant en enfilade la route du Pontet, vont écraser la réserve qui s'y tient. La bataille se prolonge plusieurs heures, sans que l'effort des troupes puisse triompher des fédérés, qui, à l'abri des remparts, tirent à coup sûr et couchent à terre nombre d'assaillants.

Enfin, après avoir perdu *soixante tués et blessés, huit prisonniers, un chariot et deux canons* (1), Carteaux, d'accord cette fois avec les représentants, ordonne encore la retraite. Elle commence par échelons, sous le feu des canons marseillais ; le désordre se met dans les rangs des soldats et la retraite dégénère un moment en débandade. Si, à ce moment, les assiégés avaient fait une sortie, peut-être en était-ce fait des troupes de la Convention !

L'armée regagne péniblement son camp et Carteaux est déjà rentré au Pontet, lorsque les batteries avignonnaises cessent brusquement le feu ; mais c'est à peine si le général, occupé à rallier ses troupes, s'aperçoit de ce silence subit, sans même chercher à en savoir la cause. A 4 heures, une femme, Mme Sabin Tournal (épouse d'un journaliste jadis gravement compromis dans l'affaire de la Glacière), accourue d'Avignon, se présente à lui, lui criant de revenir sur ses pas, que la ville s'est rendue, et que les Marseillais l'ont évacuée !

Carteaux, qui, d'abord, croit avoir affaire à une folle, se figure ensuite qu'on veut se moquer de lui ; il finit même par prendre fort mal la chose et ne parle de rien moins que de faire fusiller la citoyenne Tournal. Mais peu à peu la nouvelle se confirme, des paysans, des soldats annoncent à leur tour le départ des Marseillais, que l'on aperçoit au loin, suivis de leurs partisans de la ville, filer vers la Durance avec tous leurs canons. Une députation avignon-

____

(1) Chiffres mentionnés tout au long dans le journal de Chambaud.

naise vient bientôt apporter la soumission des habitants et
Carteaux, tout surpris, se reporte en avant au milieu des
cris de joie des soldats et, quand il arrive devant les remparts, les portes s'ouvrent, la ville est en son pouvoir!

Voici ce qui s'était passé :

La colonne de la rive droite, postée sur les hauteurs qui
dominent le Rhône, avait suivi de Villeneuve toutes les
phases du combat. Bonaparte, témoin de l'insuccès de
Carteaux, puis voyant de loin se dessiner le mouvement
de retraite, s'était décidé, avec l'assentiment du chef de
colonne, à diriger le feu de ses pièces sur le Rocher des
Doms et la partie des remparts qui fait face au Rhône. Son
but était d'opérer ainsi une diversion toute morale pour
permettre aux troupes repoussées de se retirer sans trop
de pertes et d'atténuer une poursuite possible; les batteries
du Rocher et les remparts, à bonne portée de ses pièces
de 4, lui offraient, d'ailleurs, un facile point de mire.
D'un autre côté, les soldats du 59e et les gardes nationaux,
dans l'impossibilité de passer rapidement le Rhône ou de
faire feu depuis la rive droite, se trouvaient pour ainsi
dire réduits à l'impuissance; seule donc, l'artillerie, en
agissant de suite, pouvait secourir les troupes, que l'on
voyait de loin se replier en désordre.

Bonaparte, on s'en souvient, avait mis ses pièces en batterie sur la plate-forme qui couronne une petite colline aride
appelée « Rocher de Justice » et que l'on voit toujours à
gauche de la route de Remoulins, en aval du pont de bois.
Cette colline, où s'élevaient jadis les fourches patibulaires
de la vice-légation (1), se dressait alors à pic au-dessus du
Rhône et formait comme un bastion, dominant à perte de
vue Avignon, le fleuve et la plaine du Comtat. Le coup
d'œil d'aigle du jeune officier avait deviné l'importance de

----

(1) La France avait, plusieurs siècles auparavant, concédé ce coin de
terre au Saint-Siège.

cette position, d'où l'on découvrait en entier les batteries des Doms, et d'où l'on pouvait tirer à boulet. Ce n'était pas sans difficulté que Bonaparte y avait pu établir sa modeste artillerie, les canonniers ayant dû s'appliquer aux roues et s'atteler eux-mêmes aux pièces pour leur faire escalader les pentes, parfois très raides, qui conduisent encore au sommet du Rocher.

Il est 11 heures quand Bonaparte démasque ses pièces. D'après une tradition sur laquelle nous aurons à revenir, il les *pointe lui-même* (1) et, prenant à revers le Rocher des Doms, ouvre le feu sur les batteries marseillaises.

Les fédéralistes, qui viennent de voir leurs adversaires battre en retraite avec une précipitation assez semblable à une fuite, croyant dès lors la victoire assurée, font sonner bien haut leur facile succès lorsque, au plus fort de leur joie, le canon retentit derrière eux, sur la rive droite du Rhône. Une de leurs pièces, démontée, s'abat avec fracas, entraînant plusieurs servants dans sa chute; c'est le premier boulet de Bonaparte, qui vient de tomber dans la batterie. Un second coup suit immédiatement, et deux canonniers marseillais s'affaissent, l'un avec un bras cassé, l'autre mortellement atteint.

Frappés de stupeur, les Marseillais cessent de tirer. Ils paraissent hésiter encore; mais deux nouvelles détonations, éclatant successivement, achèvent de jeter parmi eux le désordre et l'épouvante. Un troisième boulet s'enfonce profondément dans le rempart de l'Oulle, tandis qu'un quatrième se loge dans le cordon en pierres de taille situé entre le premier et le deuxième étage de l'hôtel Lescarène (2). D'après certains auteurs, un de ces projec-

---

(1) Lanfrey, *Histoire de Napoléon,* tome Ier, page 30, 1er alinéa.

(2) Rue Calade 9 (aujourd'hui rue Joseph-Vernet); la façade, labourée par le projectile, dont la trace est encore visible aujourd'hui, n'a jamais été réparée.

tiles serait même allé, par ricochet, atteindre, dans la tour de l'Hôtel-de-ville, la cloche du jacquemart, l'endommageant légèrement.

Chaque pièce ayant tiré *deux salves*, pas davantage, l'intervention cessa (1). Le mal fait aux Marseillais, par la batterie du Rocher de Justice, était, en somme, peu considérable. Mais les artilleurs d'Aix et de Marseille, saisis de panique, se sont enfuis en abandonnant leurs pièces et en criant que, puisque le Gard se déclare contre eux, ils s'exposent à être fusillés du moment où ils tiendront plus longtemps. Quant à l'armée fédéraliste, qui, à l'intérieur de la ville, voit les canonniers arriver en débandade et les entend pousser des cris de terreur, elle se croit prise entre deux feux et attaquée par des forces nombreuses. En un instant l'effroi se propage, et les chefs marseillais, craignant un retour offensif de Carteaux combiné avec une seconde attaque de la colonne, dont ils ignorent la force, s'empressent de tenir conseil. Leur décision vite prise, ils se rassemblent et évacuent la ville à 2 heures, emmenant leurs canons et suivis, dit Chambaud, « par un grand nombre d'habitants ». C'est à peine néanmoins s'ils abandonnent quelques traînards avec une grande quantité de vêtements : ils battent en retraite sur la Durance, qu'ils passent par le bac de Barbentane.

Avignon était reconquis par les troupes de la Convention, alors que l'on ne s'y attendait plus : pour obtenir ce résultat inespéré, il avait suffi de quatre salves d'artillerie. Tout l'honneur de cet étrange fait d'armes revenait à l'obscur capitaine qui sut faire plus de besogne, avec deux pièces et quelques servants, que Carteaux et les représentants agissant avec 2.000 soldats éprouvés. On peut donc

---

(1) Le chef de colonne ou le commandant de l'artillerie trouvèrent peut-être les deux salves par pièce suffisantes, ou peut-être manquaient-ils de munitions.

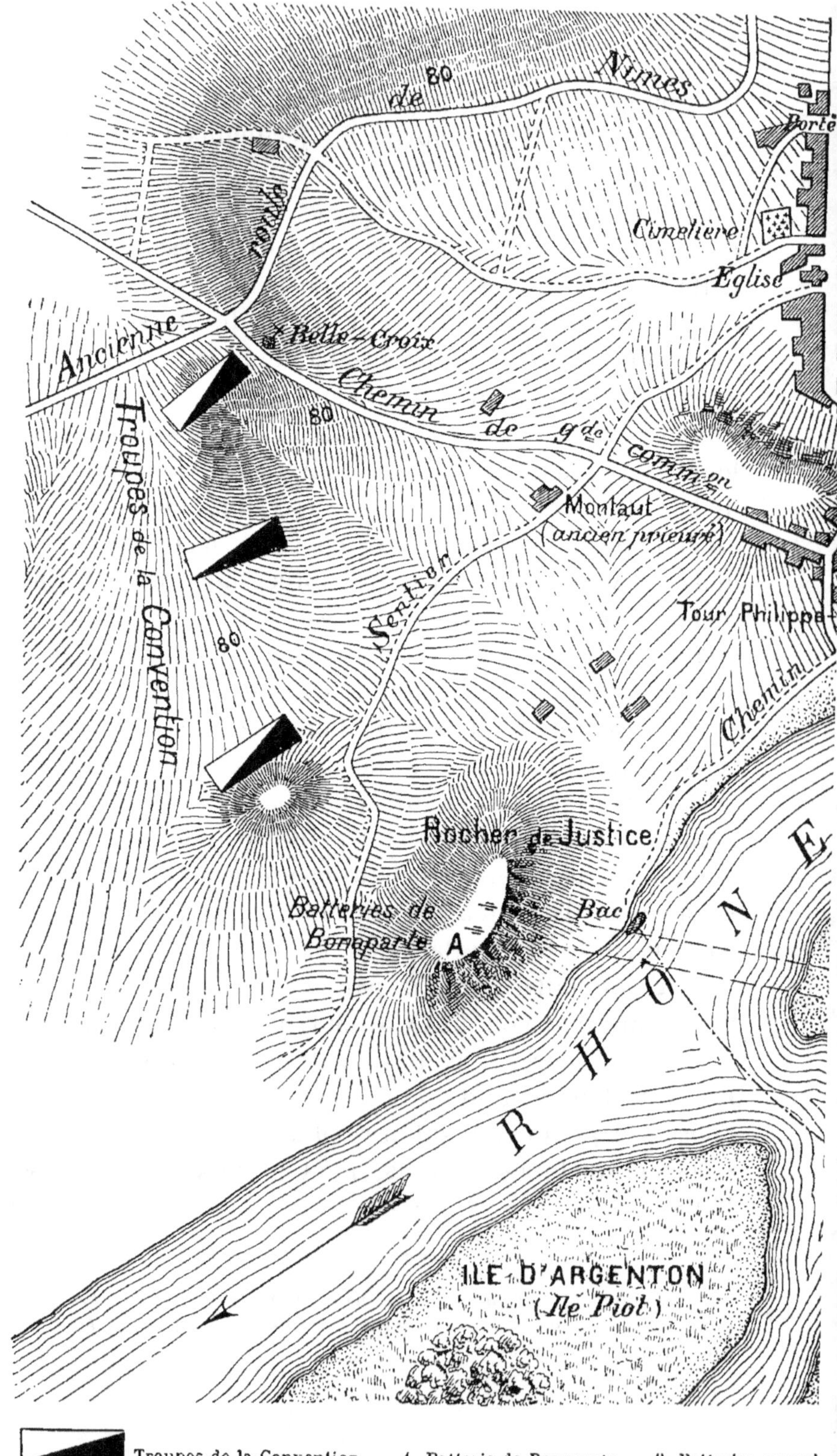

Troupes de la Convention. — *A.* Batterie de Bonaparte. — *B.* Batteries marsei

de Villeneuve-lez-Avignon.)
N
Fort St André
Chartreuse d'Innocent VI
VILLENEUVE-lez-AVIGNON
FLEUVE
ILE DE LA BARTHELASSE
Ancienne arche du pont
Pont St Bénézet
Séminaire actuel
B
Rocher des Doms
Batteries marseillaises
AVIGNON
50 0 100 200 300 400 500 600 700 800 900 1000 met.

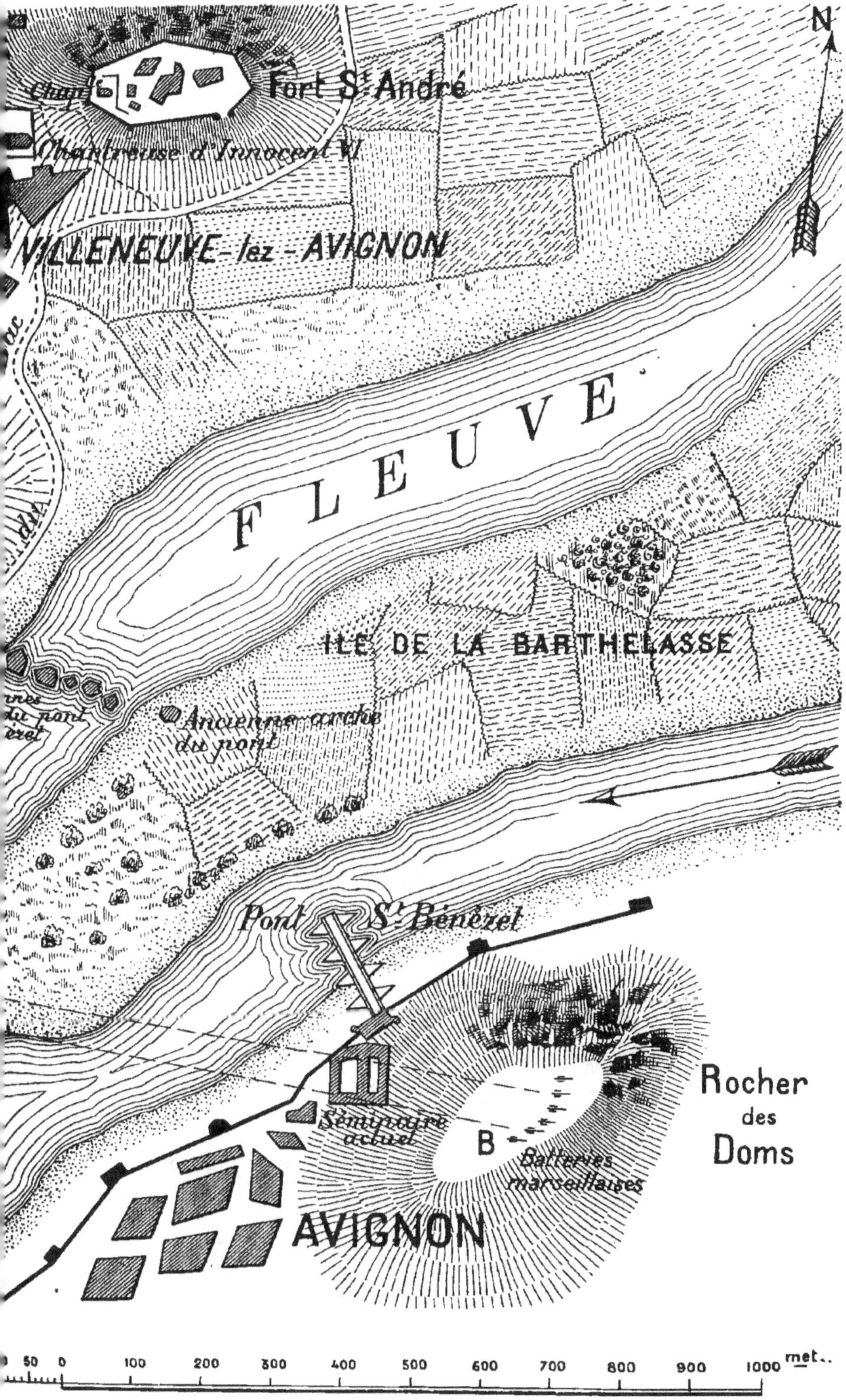

dire que le premier coup de canon tiré par Bonaparte sous les murs d'Avignon, ouvrit la carrière du futur Empereur, lequel, ce jour-là, frappa d un coup mortel une insurrection dont le succès eût pu changer sans retour les destinées de la France en arrêtant la sienne dès son début.

Carteaux, qui bivouaquait le 26, à la tombée de la nuit, à proximité de la ville, y faisait, le 27 au soir, son entrée par la porte Saint-Lazare et la Carréterie, accompagné du représentant du peuple Rovère. Aussitôt il ordonnait d'éclairer les rues et, remettant à plus tard la poursuite des Marseillais, prenait possession d'Avignon, où il installait son imprimerie officielle dans l'ancienne église de l'Oratoire. A minuit, toutes les troupes de la Convention l'avaient rejoint. Une fois maître de la cité papale, Carteaux s'y comportait avec modération et s'appliquait à maintenir l'ordre et la discipline dans son armée. Un sergent, qui avait arrêté un Marseillais resté dans une maison particulière, se voyait emprisonné pour avoir violé sans ordre exprès l'asile d'un citoyen (1), tandis que l'on arrêtait un soldat, accusé de vol, pour le traduire devant ses juges (1) avec quelques Avignonnais qui avaient désigné une maison comme étant celle d'un aristocrate (1). Le lendemain, une délibération du conseil municipal nommait une commission qui, sous l'escorte de quatre gendarmes, devait réunir à l'Hôtel-de-ville quantité d'armes et d'effets d'habillement abandonnés par les Marseillais.

Citons encore deux épisodes inédits de ce siège. Les Avignonnais, furieux de se voir bombarder depuis Villeneuve, s'étaient hâtés d'envoyer aux habitants un tambour porteur d'un drapeau tricolore et chargé de demander à la municipalité « pourquoi on leur tirait ainsi dessus sans

---

(1) Extrait du *Souper de Beaucaire*.

brouillerie aucune » (1). Ils menaçaient d'ailleurs de tirer sur Villeneuve « à boulet rouge » (1) si le feu ne cessait immédiatement. Le tambour, reçu à bras ouverts par la municipalité, qui, venue au devant de lui en écharpe, lui offrit un excellent repas, rentrait à Avignon à 11 heures du soir, avec la réponse que voici : « Un prisonnier allobroge (?) avait, disait la municipalité, répandu dans Villeneuve le bruit que les Marseillais, portant la cocarde blanche, criaient : « Vive le roi ! » On n'avait alors pas cru devoir s'opposer à ce que l'artillerie de Bonaparte fît feu sur une ville où l'on recevait de semblables contre-révolutionnaires. Excuse au moins étrange, si l'on pense qu'il eût suffi de répondre (et tel était le cas) que Villeneuve, occupé militairement, subissait la loi du plus fort. Quant à la menace de tirer à boulet rouge, venant d'une ville qui ouvre ses portes, elle n'est que risible (1).

Il avait été convenu, on s'en souvient, qu'une salve de trois coups de canon serait, pour la colonne de Villeneuve, le signal annonçant la chute de la ville. Or, à minuit, Carteaux fait tirer les salves convenues et la population, qui n'en est point avertie, s'effraye de cette canonnade imprévue et croit à un nouveau retour des Marseillais, disposés à mettre tout à feu et à sang. Toutefois l'effroi des Avignonnais dure peu, car voyant qu'aucun soldat ne bouge, ils s'informent et sont vite rassurés, ceux qui ont crié le plus fort étant les premiers à rire de leur frayeur injustifiée. Cette histoire n'est-elle pas de tous les temps et de tous les pays ?

Que devenait Bonaparte au milieu de tous ces événements ? Il était resté à Villeneuve, où sa colonne recevait, le 28 juillet, l'ordre de redescendre le cours du Rhône pour aller occuper Beaucaire et Tarascon. Le détachement, arrivé

---

(1) Journal de Chambaud.

le jour même à destination, occupait sans résistance la première de ces localités et Bonaparte logeait rue Haute, dans la maison de M. Renaudet, pharmacien.

En quelques heures, l'autorité de la Convention se trouvait entièrement rétablie dans les deux villes de Beaucaire et de Tarascon, qu'un pont de bateaux reliait alors ensemble. Le soir, une fois tout rentré dans l'ordre, Bonaparte soupait dans une auberge beaucairoise avec quatre négociants venus pour la foire de juillet, célèbre dans le monde entier, et dont c'était le dernier jour. Une longue conversation s'engageait bientôt entre les convives roulant sur les événements du jour; nous aurons l'occasion d'en reparler lors du retour de Bonaparte à Avignon.

Le jeune capitaine, rappelé en effet au quartier-général, y recevait l'ordre d'aller reconstituer à Avignon le parc d'artillerie dont s'étaient emparés les fédéralistes. Il regagnait alors cette ville, sans pouvoir prendre part aux opérations de Carteaux, qui, poursuivant les Marseillais, en pleine retraite maintenant, marchait dans la direction de Cadenet.

De retour à Avignon, Bonaparte était logé par billet chez Pierre Bouchet, rue Calade, n° 23 (1), et recevait de son hôte la plus cordiale hospitalité. S'occupant activement du parc d'artillerie et du transport à l'armée d'Italie des convois de poudre, il écrivait à cet effet au conseil général de Vaucluse une lettre dont le secrétaire donna lecture dans la séance du 19 septembre 1793.

---

(1) Aujourd'hui rue Joseph-Vernet.

VI

Bonaparte chez Pierre Bouchet. — Sa maladie. — Le souper
de Beaucaire.

Nous abordons maintenant le côté véridique de la légende
avignonnaise. A ceux qui seraient curieux de savoir si la
maison où logea Bonaparte existe encore, nous dirons,
avant d'aller plus loin, qu'elle porte actuellement, dans la
rue Joseph-Vernet (ancienne rue Calade), les numéros 21,
23 et 23 *bis*. Cette maison, dont l'architecture est du siècle
dernier, se trouve presque en face de la rue Plaisance, où,
vis-à-vis de chez Pierre Bouchet, était une chapelle, aujour-
d'hui disparue, qui, s'élevant sur l'emplacement de la maison actuelle des hoirs Morel, était sous le vocable de Notre-
Dame des Isles (1). La rue Plaisance, qui tirait son nom
d'une propriété d'agrément sise dans le quartier et appelée
Plaisance, allait, à cette époque, de la rue Calade au rempart de l'Oulle; de nos jours, un passage la fait communi-
quer avec la rue Joseph-Vernet (2).

Le *tableau nominatif* des citoyens âgés de plus de 12 ans
de la ville d'Avignon (3), dressé en l'an IV (1795-1796),
c'est-à-dire quelques mois après les faits qui nous occupent, ne laisse aucun doute quant à la demeure de Pierre
Bouchet. Cet état porte en effet :

---

(1) Ou des Lis ; le mot *isle*, en provençal, étant synonyme de lis ; les
derniers vestiges de cet oratoire ont été détruits en 1880.
(2) Le passage donne entre les nᵒˢ 18 et 22 de la rue Joseph-Vernet.
(3) Archives de Vaucluse.

Isle 137.

Nᵒˢ 21, 22. — Maisons vides.

Nᵒ 23. { Pierre Bouchet, propriétaire, 36 ans.
Marguerite Chanousse, domestique, 40 ans.
Mathias Aubéry, concierge.

MAISON BOUCHET ACTUELLE

Or, l'Isle 137 comprenait les maisons sises entre les rues Petite-Fusterie et Calade; c'est donc bien au nᵒ 23 *actuel* qu'a logé Bonaparte.

La maison, dont l'extérieur n'a guère subi de changements, est toujours appelée, dans le quartier, maison Bouchet; elle a longtemps appartenu et appartient peut-être encore à cette famille, dont le dernier représentant est M. Bouchet-Doumenq, d'Arles.

Voilà donc Bonaparte installé chez Bouchet; celui-ci, ancien négociant, fort brave homme et très affable, recevait avec la plus grande bienveillance le jeune officier devenu pour quelque temps son hôte. En effet, il fallait, et ce n'était pas chose aisée, se procurer des attelages et des conducteurs volontaires, pour transporter à l'armée d'Italie les pièces réparties, au fur et à mesure de leur arrivée, dans les arsenaux du Palais (1) ou de l'hôtel de ville (2). Les convoyeurs qui les amenaient se contentaient de faire quelques étapes, et il fallait en échelonner d'autres sur tout le parcours, ce qui compliquait beaucoup les choses. Citons, en passant, un célèbre chroniqueur avignonnais, Joudou, qui déclare s'être présenté comme conducteur volontaire et s'être vu remercier, comme trop jeune, par Bonaparte lui-même.

Le capitaine passait avec Pierre Bouchet les instants qu'il ne consacrait pas au service. Bouchet, qui avait acquis dans le commerce une certaine aisance, aimait à s'occuper de littérature et trouvait un charme infini dans la société du pâle et chétif officier qui avait déjà beaucoup étudié et beaucoup appris. L'honnête bourgeois s'était de suite laissé aller à la séduction qu'exerça toujours Napoléon sur ceux qui l'approchaient; il aimait à l'entendre raconter ses premières armes en Sardaigne et demeurait frappé de la supériorité de son jugement en toutes choses. Attaché par principe aux idées nouvelles, Bonaparte parlait de la Révolution avec enthousiasme et se livrait, avec son hôte, à d'amicales discussions sur les événements qui venaient d'avoir lieu. En quelques jours, tous deux étaient sur le pied de la plus sincère amitié, qu'une circonstance nouvelle allait rendre plus étroite encore.

(1) Dans la salle du consistoire du Palais des papes, au rez-de-chaussée (coin de la rue Peyrolerie).

(2) Dans un bâtiment parallèle au théâtre actuel, ancienne dépendance du couvent de Saint-Laurent.

Déjà malade avant le siège d'Avignon, Bonaparte avait regagné cette ville, triste et profondément abattu. Condamné à l'ingrate besogne de reconstituer un parc d'artillerie, dans une ville pacifiée, alors qu'on se battait sur toutes les frontières, il appelait du nom d'échec les lenteurs qui, s'accumulant chaque jour, rendaient plus éloigné le moment où il pourrait enfin paraître sur un champ de bataille digne de lui. Pendant son séjour à Beaucaire, non loin des marais d'Arles et du delta du Rhône, il avait, en outre, contracté les fièvres paludéennes; son tempérament, déjà très éprouvé, ne pouvait résister davantage, et, au commencement du mois d'août, il tombait dangereusement malade.

Pierre Bouchet et Marguerite Chanousse, sa servante, entouraient leur hôte des soins les plus dévoués et ne quittaient pas son chevet; d'après certains auteurs, le futur maître du monde leur aurait peut-être dû la vie. A peine convalescent, et toujours brûlant du désir de se distinguer, il écrivait au ministre Bouchotte pour lui demander un commandement d'artillerie à l'armée du Rhin. La réponse se faisant attendre, Bonaparte, incapable de rester inactif, composait et écrivait le célèbre opuscule qui fut son premier ouvrage et mit, du coup, son auteur en lumière.

Bonaparte, avons-nous dit, étant le 28 juillet au soir à Beaucaire, s'y était trouvé à dîner, ou, pour employer l'expression de l'époque, encore usitée en Provence, à « souper » en compagnie de quatre négociants de Marseille, Nîmes et Montpellier. Vers la fin du repas, une discussion s'était engagée, sur la situation du moment, entre le jeune militaire et ses convives, qui, tous d'une opinion différente, la soutenaient avec chaleur. Se rappelant cette conversation, Bonaparte eut l'idée de l'écrire et d'en faire, sous forme de dialogue, l'ouvrage demeuré fameux sous le nom de *Souper de Beaucaire*. Lui-même s'y mettait en scène sous la désignation de « le militaire » qui démontre à deux négociants marseillais, à un nîmois et à un fabricant de Montpellier la folie de l'insurrection du Midi contre la Convention.

Le *Souper de Beaucaire* est trop connu pour en parler davantage ; nous en citerons néanmoins quelques passages qui ont uniquement trait aux choses militaires. On y trouve, à ce point de vue, de nombreuses idées, dont quelques-unes, après un siècle, sont encore celles d'aujourd'hui et forment le fond d'une partie de nos règlements.

1º « C'est un axiome, dans l'art militaire, que celui qui reste derrière ses retranchements est battu ; l'expérience et la théorie sont d'accord sur ce point. » Nous disons aujourd'hui que, « seule, l'offensive procure des résultats décisifs ».

2º « C'est dans les pays coupés que, par la vivacité des mouvements, l'exactitude du service et la justesse de l'évaluation des distances, le bon artilleur a la supériorité. »

3º « De bonnes pièces de 4 et de 8 font autant d'effet pour la guerre de campagne et sont préférables, à bien des points de vue, aux gros calibres. » Bonaparte avait de bonnes raisons et toutes récentes pour s'exprimer ainsi.

4º Enfin ces mots : « Vous avez des canonniers de nouvelle levée, et vos adversaires ont des artilleurs des régiments de ligne qui sont dans leur art les maîtres du monde », et ceux-ci : « Il n'appartient qu'à de *vieilles troupes* de résister aux incertitudes d'un siège », soutiennent la supériorité des vieux soldats. Ce dernier principe, bien qu'en désaccord avec le système militaire actuel, n'en a peut-être pas moins sa valeur.

Peu après, Bonaparte avait, à Aix, une entrevue avec les représentants du peuple Saliceti, Gasparin et Robespierre le jeune. Le premier, son compatriote, lui faisait l'accueil le plus sympathique et le présentait à ses collègues. Ceux-ci, frappés par sa nature ardente, et devinant qu'il irait loin, lui faisaient force promesses et l'autorisaient à faire publier le *Souper de Beaucaire* aux frais du Trésor public.

Bonaparte s'était d'abord adressé, pour l'impression de son ouvrage, à Marc-Aurel fils, de Valence, nommé imprimeur en chef de l'armée contre-fédéraliste, le 10 juillet 1793, et qui, muni d'une presse ambulante, se trouvait à Avignon. Mais, ce typographe revêtu d'un caractère officiel s'étant dit obligé à des ménagements, force avait été d'avoir recours aux presses de Sabin Tournal, rédacteur du *Courrier d'Avignon*, qui, à la fin d'août 1793, en faisait paraître la première édition.

Une deuxième édition, imprimée cette fois par Marc-Aurel, voyait le jour quelque temps après, lorsque la dépense aux frais de l'Etat fut autorisée par les représentants (1). Elle est, ainsi que l'édition Tournal, déposée aujourd'hui à la bibliothèque d'Avignon, où elle fait partie d'un volume provenant de la collection Chambaud. Les deux exemplaires, absolument différents l'un de l'autre (en tant que papier et format s'entend), sont, à n'en pas douter, de deux provenances parfaitement distinctes.

Le *Souper de Beaucaire*, dont les éditions furent vite épuisées, d'abord difficile à se procurer, ne tarda pas à devenir introuvable; Louis Bonaparte, dans une lettre datée de Paris, le 4 germinal an VII, priait Marc-Aurel de lui en faire tenir plusieurs exemplaires; il ne semble pas qu'il ait reçu satisfaction. L'ouvrage resta ensuite sans être imprimé jusqu'en 1821, année de la mort de son auteur.

A la fin du mois d'août, Bonaparte, à qui la fortune commençait à sourire, faisait ses adieux à Bouchet et rejoignait l'armée du Midi, qui, toujours commandée par Carteaux, mettait le siège devant Toulon livré aux Anglais.

Bonaparte, en quittant Avignon, se trouvait dans une

---

(1) Cette dépense n'aurait été payée que sous l'Empire, par Napoléon lui-même.

situation un peu embarrassée. Il laissait, entre autres dettes, un billet de 60 francs souscrit à M. Baretta, patron du *café Suisse* (1), alors situé place Saint-Didier. Ce compte ne fut jamais payé.

La dette du jeune capitaine, comprenant des glaces, sorbets, etc., en assez grand nombre, est consignée sur les livres de comptes de la maison Baretta, où elle figure toujours. La famille de M. Baretta, ingénieur, actuellement à Saint-Etienne, a, nous a dit un de ses neveux, conservé à titre de curiosité et de document historique le registre où la signature de Bonaparte existe en regard de sa dette.

Cinq ans plus tard, Bonaparte, se rendant à Toulon pour y prendre le commandement de l'armée d'Egypte, passait de nouveau à Avignon, où il arrivait par le Rhône, ayant pris le bateau à Valence. Débarqué le 19 floréal an VI (8 mai 1798), à 6 heures du matin, il descendait avec Mme Bonaparte place de l'Ousle, à l'hôtel du Palais-National (ci-devant Palais-Royal) (2).

Ce n'était plus le chétif et besogneux capitaine, mais le héros d'Italie, le général à jamais illustre. Mme Bonaparte et lui étaient mis avec la dernière simplicité. « Il était, dit un chroniqueur de l'époque, déguisé ainsi que son épouse ; il portait un habit pêche avec de gros boutons d'acier... ; sa femme était coiffée en cheveux, avec un chapeau de paille, un voile noir et une robe commune. »

Le général était accompagné par une suite de cinquante personnes, aides de camp, hommes d'affaires, cuisiniers, domestiques, etc. ; il avait avec lui trois carrosses et un cabriolet. Après le déjeuner « que, sitôt arrivés, ses cuisiniers avaient travaillé à lui préparer », Bonaparte, toujours en

---

(1) Ce café était, avec le café Glacier de la rue Galante, le plus ancien d'Avignon ; il était alors tenu par M. Baretta, grand-oncle de Mme Worms-Baretta, de la Comédie-Française. L'établissement en question a repris en 1880 le nom de café Suisse, puis a disparu vers 1884.

(2) Hôtel où fut assassiné le maréchal Brune le 12 août 1815.

habit pêche, recevait aux sons d'une musique la municipalité, les membres de l'administration centrale et les
officiers de la garnison, puis il se remettait en route après
la réception qui avait duré une heure.

Bonaparte, en quittant l'hôtel, laissait pour son dîner à la
citoyenne Pierron 18 louis, à chaque domestique 6 francs,
aux musiciens un louis double, la même somme au portefaix qui avait sorti les voitures de la barque. Enfin, outre
les prix convenus, il donnait au patron une médaille d'or
et lui signait tous ses papiers en lui disant : « *Tu peux à pré-
sent rouler toute la République, tu n'as rien à craindre.* »

Le 19 vendémiaire an VIII (11 octobre 1799), Bonaparte
rentrant d'Egypte faisait encore un court séjour dans la
ville des papes. Arrivé à 8 h. 1/2 du soir à Avignon, il y
descendait de nouveau à l'auberge du Palais-National (1).
Une foule nombreuse, qui stationnait devant l'hôtel, accueil-
lait le vainqueur des Pyramides avec des cris d'enthousiasme. Des salves d'artillerie étaient tirées en son honneur,
et les autorités civiles et militaires venaient le saluer avec
empressement. Le général recevait, entre autres, le général
de gendarmerie Radet et causait, *à table*, avec lui pendant
une heure et demie, le laissant électrisé et plein d'enthousiasme. Radet, qui devait plus tard être un des hommes de
confiance de Napoléon, fut, en attendant, chargé de recher-
cher ses bagages pillés sur la route par les brigands dont
les bandes infestaient alors le Midi.

Le soir, les curieux stationnaient jusqu'à 11 heures
devant l'auberge du Palais-Royal où avait été placée une
garde d'honneur, et les cris de : « Vive Bonaparte! Vive la
République ! » retentissaient le long des vieux remparts.

Bonaparte repartait pour Paris à la pointe du jour, et la
voiture qui l'emmenait gagnait la route de Lyon par le
quai de la Ligne et la porte Saint-Lazare.

---

(1) Journal de Chambaud, tome II, folio 18.

En 1804, l'empereur Napoléon voulut combler de bien-
faits son ancien hôte d'Avignon; celui-ci n'accepta que la
croix de la Légion d'honneur et la présidence du tribunal
de commerce, qu'il conserva jusqu'à la fin de ses jours.

Quant à Carteaux, que l'Empereur avait pu à loisir appré-
cier au camp du Pontet et sous les murs de Toulon, au lieu
d'en faire un duc ou un maréchal d'empire, il se contentait
de le nommer directeur de la Loterie, poste puissamment
rétribué. C'est dans l'exercice de ces paisibles fonctions
que l'ancien général de l'armée du Midi devait s'éteindre
en 1813.

CONCLUSION

Ici s'arrête notre récit, limité à un épisode peu connu de la vie du grand capitaine. Jamais, ni comme souverain, ni comme captif à Sainte-Hélène, l'Empereur n'a fait aucune allusion à cette courte campagne (on pourrait presque dire à cette équipée), où pourtant se trouvent à côté de son nom ceux de Muiron et Duroc, de glorieuse mémoire, depuis tués tous deux sous ses yeux. Ceci n'a rien qui puisse étonner, car Napoléon n'aimait pas la guerre civile : on sait qu'il déclina un commandement en Vendée et qu'il ne parlait pas volontiers du 13 vendémiaire. Qu'est-ce, d'ailleurs, que la prise d'Avignon, dans une carrière qui comprend Montenotte, Rivoli, Arcole, Marengo, Austerlitz, Iéna, Wagram, Lutzen, et tant d'autres victoires inscrites en lettres impérissables dans nos fastes militaires ? Il paraît même naturel qu'un début aussi mince ne tint aucune place dans le souvenir de Napoléon.

Un ouvrage paru il y a quelques années (1) attribue le départ précipité des Marseillais, non pas au feu des pièces dirigées par Bonaparte, mais bien à l'attitude de plus en plus hostile de la population, ainsi qu'à la nécessité pour les fédérés d'assurer leur retraite par l'occupation du bac de Barbentane, leur unique point de passage de la Durance.

La première, au moins, de ces explications, est erronée. Chacun sait d'abord que l'effet moral de l'artillerie est toujours considérable ; la canonnade de Villeneuve a forcément produit une impression profonde sur les Marseillais et leurs alliés d'Avignon. Rien d'étonnant alors à ce qu'une panique

---

(1) *Bonaparte et son temps.*

soudaine ait causé le départ de ces soldats d'occasion qui se sont évidemment crus bombardés par des forces supérieures et même par l'artillerie du Gard. Il résulte ensuite des archives d'Avignon, qu'aucune tentative de soulèvement n'a eu lieu de la part des habitants à la date indiquée. Le fait est d'autant plus improbable que les partisans de la Convention s'étaient pour la plupart enfuis à Sorgues ; ce qui en pouvait rester n'était pas en nombre suffisant pour prendre une attitude hostile, même en face des Marseillais vaincus. A plus forte raison, l'avantage ayant été de leur côté jusqu'à l'intervention des batteries, on comprend ce qu'un pareil essai eût pu avoir de dangereux.

Par contre, le journal de Chambaud contient en marge la phrase suivante, à la date du 26 juillet :

« L'on apprit ensuite que les deux pièces d'artillerie, sous le *commandement de N. B*^te, *qui avait* (*sic*) été placées sur le rocher de Villeneuve, ayant blessé des canonniers marseillais qui faisaient le service des pièces en batterie sur le rocher des Doms, ceux-ci refusèrent de continuer, et qu'alors les Marseillais avaient évacué la ville, suivis d'un grand nombre d'habitants. »

Ce manuscrit de Chambaud, témoin oculaire et qui a tenu *jour par jour* une relation inédite des événements, a le mérite de présenter les faits sous leur véritable jour ; son témoignage ne saurait être contesté. Il fait ressortir en outre de nombreuses particularités, que ne mentionnent ni l'ouvrage précité, ni aucun de ceux qui traitent de la révolution du Comtat.

Par exemple, il établit d'une façon formelle que la colonne dont faisait partie Bonaparte a occupé Villeneuve le 21 juillet, c'est-à-dire *cinq jours* avant l'évacuation d'Avignon.

Un autre point, clairement indiqué par Chambaud, est le suivant : il y a eu devant les remparts d'Avignon, non pas *un seul* combat, mais bien *deux*, les 23 et 26 juillet.

Aucun des livres dont nous parlons ne fait la moindre allusion à la journée du 23, au sujet de laquelle Chambaud entre dans les détails les plus circonstanciés. Bonaparte, dans le *Souper de Beaucaire*, dit aussi deux mots de cette affaire, qui, d'après lui, n'aurait été qu'une attaque simulée; d'un autre côté, les journaux de l'époque, et particulièrement le *Bulletin national* (ou *Papier-nouvelles de tous pays et de tous les jours*), n° 216, du 25 août 1793, font mention de cette journée, qu'ils s'accordent à considérer comme une tentative sans résultat.

Il est dit, dans *Bonaparte et son temps*, que pas plus Carteaux qu'Albitte ni Rovère ne parlent de la canonnade de Villeneuve, dans leurs rapports à la Convention ou à Kellermann, bien que les citations y soient prodiguées. Carteaux, qui n'a jamais péché par modestie, a fort bien pu rendre compte du succès en s'attribuant la part du lion. Quant aux rapports des représentants, voici un passage emprunté à *Bonaparte et son temps* et qui a trait au compte rendu d'Albitte annonçant la chute d'Avignon :

«Je venais de faire verser le vin de la Liberté (?) et j'avais à peine bu à la ronde avec le général et nos braves soldats, lorsqu'un Allobroge couvert de sueur est venu nous annoncer qu'Avignon était en notre pouvoir. Aussitôt une portion de notre petite armée s'est mise en marche pour s'y rendre; le reste partira demain avec le général et moi. »

Or, ce rapport annonçant la prise de la ville est daté de Pont-Saint-Esprit, le 17 juillet 1793, c'est-à-dire *dix jours avant* la chute d'Avignon; ledit rapport a été lu dans la séance de la Convention du 23 juillet suivant [*Moniteur universel* du mercredi 24 juillet 1793, pages 203 et 204 (1)].

De deux choses, l'une: Albitte, en annonçant le 17 *juillet*

---

(1) Publié dans le *Bulletin de Vaucluse* par M. Charvet, correspondant du ministère de l'instruction publique pour les travaux historiques.

la prise d'Avignon, qui s'est rendu le 26, a vendu sciemment
la peau de l'ours, ou il s'est laissé abuser par la fuite provisoire des Marseillais, qui a eu lieu quelques heures auparavant. Cette dernière hypothèse est vraisemblable. Albitte
a pu se rendre à Pont-Saint-Esprit après le départ des fédéralistes et n'apprendre leur retour qu'après avoir envoyé
son malencontreux rapport. Dans tous les cas, il ne mérite
que la confiance la plus limitée.

Reste maintenant la question de savoir si Bonaparte a
personnellement dirigé le feu des pièces qui, en supposant
qu'il n'ait pas amené la prise de la ville, y a contribué pour
une large part.

Il est à croire que le chef de colonne a dû laisser libre
de choisir son emplacement le jeune chef de l'artillerie
qui s'établit sur le rocher que l'on sait, comme sur le point
le plus avantageux. Selon toute apparence, Bonaparte n'a
pu moins faire que de surveiller lui-même la mise en batterie des pièces dont il était responsable; ce n'était que
son très strict devoir.

Maintenant, les pièces ont-elles été, ainsi que le veut la
tradition, *pointées* par Bonaparte lui-même? A cela nous
croyons pouvoir répondre sans hésiter par l'affirmative.
Un de ses historiens, ou plutôt un de ses détracteurs, Lanfrey, fait allusion dans son premier volume à cette circonstance, et il certifie presque la chose. Le jeune capitaine,
d'ailleurs entouré de quelques artilleurs qu'il connaissait
sans doute à peine, n'a dû s'en remettre qu'à lui du soin
de pointer ses canons. Ce ne serait d'ailleurs pas la seule
fois que pareil fait se serait produit pendant la carrière de
l'Empereur, qui, sur le champ de bataille, redevenait volontiers un simple officier d'artillerie, et quiconque a lu l'histoire de ses campagnes ne s'étonnera pas de le voir, le 26
juillet, faire l'office de pointeur. De nombreux exemples,
tous très concluants, viennent à l'appui de notre assertion;
nous citerons seulement ceux que voici :

Au siège de Toulon (1794), Napoléon, alors commandant d'artillerie, ramasse un écouvillon entre les mains d'un servant frappé à mort, et charge lui-même dix à douze coups (1).

A Dresde, en 1813, l'Empereur, apercevant à 500 mètres environ un état-major ennemi (celui des souverains), fait braquer sur lui plusieurs pièces : « Jetez, dit-il, une douzaine de boulets dans ce groupe-là, il doit y avoir quelques petits généraux (2). » L'ordre est exécuté, et un boulet, tombant au milieu du groupe, va frapper Moreau, qui, traître à la patrie, était venu d'Amérique mettre au service des coalisés l'épée de Biberach et d'Hohenlinden. Thiers, racontant cet épisode dans le *Consulat et l'Empire*, livre IL, page 315, écrit que « Moreau fut atteint d'un boulet français, *tiré pour ainsi dire par Napoléon* ».

Enfin, en 1814, à la bataille de Montereau, l'artillerie de la garde, établie sur le coteau de Surville, foudroie les Wurtembergeois, bientôt mis en déroute. C'est Napoléon, en personne, qui commande ses canonniers et, descendant de cheval, *pointe plusieurs fois lui-même* les pièces dont le feu inflige à l'ennemi les pertes les plus cruelles (3).

Les trois exemples très connus que nous venons de citer en disent suffisamment pour ne pas insister davantage, et l'on peut croire, non sans apparence de vérité, que Bonaparte capitaine a bien pu faire ce que fit Napoléon empereur.

---

(1) Il y gagna même une gale maligne dont était atteint l'artilleur et dont il fut malade pendant de longues années. (*Mémorial de Sainte-Hélène*, 1ᵉʳ septembre 1815.)

(2) Paroles répétées par l'Empereur au docteur O. Méara à Sainte-Hélène. (*Napoléon dans l'exil*, par O. Méara, le 13 décembre 1816.)

(3) C'est à cette bataille qu'aux artilleurs, murmurant du danger auquel il s'exposait, l'Empereur répondit gaiement : « Allez, mes amis, le boulet qui me tuera n'est pas encore fondu ! »

Le général comte de Ségur, membre de l'Académie française, dans son *Histoire et Mémoires*, tome VI, page 372, affirme que l'Empereur pointa lui-même les canons et cite la réponse ci-dessus.

PASSAGE DE NAPOLÉON A AVIGNON (25 AVRIL 1814).

(D'après le manuscrit inédit de Chambaud.)

Plus de vingt ans s'étaient écoulés depuis le séjour de Bonaparte à Avignon, et, par un étrange caprice de la destinée, la ville des Papes, qui avait vu les débuts du jeune capitaine, et salué à son retour d'Egypte le général victorieux, devait, en 1814, revoir une dernière fois Napoléon vaincu et proscrit. L'Empereur, en effet, après son abdication, allait, en se rendant à l'île d'Elbe, passer quelques instants à Avignon, où il devait courir les plus sérieux dangers. Voici, d'après le journal de Chambaud, témoin oculaire des événements, comment tout se serait passé du 13 au 25 avril 1814.

Dans la journée du 13, des lettres particulières arrivant de Paris avaient apporté à Avignon la nouvelle du retour des Bourbons et de l'avènement du roi Louis XVIII. Mais rien encore n'était officiel. La ville, anxieuse, était dans l'attente, sans que personne osât faire éclater ses sentiments, et la petite place de Notre-Dame-de-la-Principale était encombrée de curieux attendant l'arrivée du courrier. Le 14, à la suite d'un long entretien, le préfet, M. de Fréville, et le maire, M. Guillaume Puy, se décidaient, non sans une vive résistance du second, à prendre la cocarde blanche. Aucune nouvelle n'était pourtant venue confirmer le changement de gouvernement. Les royalistes craignaient de s'être prononcés trop tôt, et les partisans de l'empire, reprenant espoir, allumaient des feux de joie. Ce fut le 16 seulement qu'on apprit par les journaux l'abdication de l'Empereur.

Le doute n'était plus possible. Des cris de joie et des applaudissements saluaient la chute de Napoléon; chacun arborait la cocarde blanche, et le drapeau fleurdelisé remplaçait sur les monuments publics les emblèmes impériaux, arrachés par une foule en délire. L'air retentissait des cris de : « Vive le Roi! » et : « A bas le tyran! » et les populations du Midi, longtemps éprouvées par la guerre, la conscription, les droits réunis et la privation de tout commerce, saluaient le retour des Bourbons comme une délivrance. Dans la journée, le maire, M. Guillaume Puy, décoré de la croix de Saint-Louis, escorté des adjoints et des commissaires de police, et précédé d'un corps de troupe avec tambours et musique, parcourait la ville pour annoncer le changement de régime et prêcher le calme et la tranquillité. Le 17, le préfet faisait enlever un aigle en bronze placé sur la façade de son hôtel et qui était transporté à la bibliothèque de la ville, où jadis il avait été déposé (1). Dans l'après-midi du même jour, les trois bataillons de garde nationale, la compagnie départementale, la gendarmerie et quelques compagnies d'artillerie avaient été réunis sur la place du Palais, pour y prêter serment de fidélité au Roi en présence des autorités civiles et militaires. Pendant les intervalles de la cérémonie, des canons, transportés depuis une dizaine de jours de la porte Saint-Roch sur le rocher des Doms, tiraient des salves en signe de réjouissance, et les musiques de la ville, ainsi que celles de la troupe, faisaient entendre l'air de : *Vive Henri IV!*

Après le défilé des troupes, le peuple exécutait des farandoles échevelées qui se prolongeaient fort avant dans la nuit; la ville était illuminée, des drapeaux blancs flottaient à toutes les fenêtres et des bals publics étaient improvisés dans tous les quartiers, qui rivalisaient de zèle. La

---

(1) L'aigle en question, ancien pupitre de l'église de la Chartreuse de Bonpas, est encore aujourd'hui dans la salle de lecture de la bibliothèque; il avait été, pour les besoins de la cause, utilisé comme emblème impérial. Cet empressement à l'enlever ne profita pas à son auteur. M. de Fréville fut, en effet, remplacé trois jours plus tard. Par contre, M. Puy, en fonctions depuis 1811, y resta jusqu'au 1er décembre 1815. Une rue d'Avignon porte son nom.

place des Corps-Saints, entre autres, se faisait remarquer
par une belle salle de verdure élevée en un clin d'œil par
les habitants ; seul, un grave accident était venu troubler
la fête : un artilleur avait été grièvement blessé par l'explo-
sion d'une pièce. Transporté à l'hôpital, le malheureux y
mourait le lendemain.

Mais, après les premières heures consacrées à la joie, la
fermentation la plus vive s'était mise à régner dans Avignon, où chacun se répandait en injures contre le gouvernement tombé. Les cris de : « A bas le tyran ! » d'abord clair-
semés, avaient redoublé depuis qu'on était certain de la
chute de Napoléon, et le peuple, qui venait de lacérer les
emblèmes impériaux, proférait les plus horribles menaces
et ne parlait que de massacrer les anciens partisans de
l'empire. Toute la journée, la garde nationale, sous les armes, était occupée à contenir la populace et à protéger les di-
verses autorités obligées à prendre la cocarde blanche et à
suivre le mouvement général. Dès le 13, le portrait de Napoléon avait été brûlé devant l'hôtel de ville et son buste
jeté par une fenêtre ; enfin, la nouvelle de son passage pro-
bable par Avignon avait porté l'exaspération à son comble
et, partout, des gens à figure sinistre péroraient au milieu
des groupes, déclarant qu'il fallait mettre « le Corse » en
pièces ou le précipiter dans le Rhône. En quelques heures,
l'anarchie était complète dans la ville, où les autorités, im-
puissantes, voyaient la foule plus hostile chaque jour et
prête à se porter aux derniers excès contre l'Empereur,
que la fatalité semblait vouloir lui livrer, Avignon étant
compris dans son itinéraire.

Pendant ce temps, Napoléon, après les célèbres adieux
faits à sa garde à Fontainebleau, quittait cette ville le
20 avril et prenait le chemin de l'exil, accompagné des
commissaires étrangers chargés de veiller à sa sûreté
jusqu'au golfe de Saint-Raphaël, où la frégate anglaise
l'*Undaunted* devait le conduire à l'île d'Elbe. Ces commis-

saires étaient : pour la Russie le général Schouvaloff, le général Koller pour l'Autriche, pour la Prusse le général Waldburg-Truchsess, et le colonel anglais Campbell.

Pendant les premiers relais, des détachements de cavalerie de la garde avaient suivi le cortège, précaution d'ailleurs inutile au commencement du voyage, où le peuple, qui ne voyait en Napoléon que le courageux défenseur du sol national, s'empressait autour de sa voiture aux cris de : « Vive l'Empereur ! » Mais, à mesure que l'on approchait du Midi, les détachements, diminuant graduellement, finirent par manquer tout à fait, et force fut de continuer la route sans escorte au moment où elle eût été le plus nécessaire. On entrait, en effet, dans la vallée du Rhône, où les marques de sympathie allaient peu à peu faire place aux insultes, aux outrages, et où l'Empereur, respecté par la mort dans cent batailles, ne devait que par miracle échapper aux attentats dirigés contre lui par des mains françaises.

Dans la matinée du dimanche 24 avril, trois voitures aux armes impériales, arrivant de Lyon par la route actuelle du Pontet (1), contournaient les remparts en suivant le quai du Rhône, et s'arrêtaient place de l'Oulle ou de la Comédie (2), à l'hôtel du Palais-Royal (3), où avaient lieu les relais. La place de la Comédie, comprise entre la porte de l'Oulle et le théâtre, était alors un des quartiers les plus animés d'Avignon, à cause de l'incessant va-et-vient des messageries, coches et diligences qui, arrivant de toutes les directions, y venaient changer de chevaux et faire reposer les voyageurs. Sur la place de la Comédie, se

---

(1) Ancienne route de Lyon en Provence.

(2) Ainsi nommée à cause d'un petit théâtre qui s'y trouvait et dont la façade existe encore vis-à-vis même de la porte de l'Oulle. Cette place s'appelle aujourd'hui place Crillon.

(3) Hôtel où, un an plus tard, fut assassiné le maréchal Brune ; la maison existe encore à peu près telle qu'alors ; elle porte le numéro 21.

trouvait un poste alors occupé par la garde urbaine (1).
Depuis que la venue de l'Empereur était annoncée comme
prochaine, l'affluence était plus grande que jamais sur la
même place où jadis avait été acclamé Bonaparte revenant
d'Égypte. De nombreux curieux stationnaient en permanence, les uns pour le voir au passage, les autres surexcités,
menaçants et réclamant la tête de celui qu'ils appelaient
le « Corse » ou « Buonaparte ».

Le bruit de l'arrivée de Napoléon se répandait dans le
quartier avec la rapidité d'une traînée de poudre ; aussitôt,
des rues Limas, Grande-Fusterie, Saint-Etienne, etc.,
accourait une foule furieuse, qui, remplissant la place,
entourait les voitures en poussant des cris de mort. En un
instant, les voitures sont assaillies, les portières ouvertes,
et les émeutiers, ivres de sang, y cherchent l'Empereur
sans pouvoir le trouver ; force leur est bientôt de constater
qu'il n'y est pas, et que ce sont seulement les gens de sa
suite. Entourés par le peuple, les malheureux, forcés de
prendre la cocarde blanche et de crier : « Vive Louis
XVIII ! » sous peine d'exécution immédiate, obéissent en
tremblant, après quoi on les laisse repartir, non sans avoir
enlevé les aigles des voitures et couvert de boue l'écusson
impérial. Mais un d'entre eux, pressé de questions et
menacé de mort, avait répondu que Napoléon serait à
Avignon dans la nuit ou le lendemain matin ; ces paroles
avaient achevé d'irriter la populace, qui, furieuse de son
insuccès, déclarait vouloir l'attendre de pied ferme.
L'effervescence était considérable pendant toute la journée ;
vers le soir pourtant, la foule avait diminué et peu à peu
le calme s'était rétabli.

Le lundi 25, à 4 heures du matin, arrivait à Avignon le
colonel Campbell, commissaire anglais, précédant de
deux heures la voiture de Napoléon et qui, dès son arrivée,

---

(1) Garde nationale sédentaire.

se mettait en relation avec les autorités. L'officier de garde à la porte de l'Oulle, M. Montagnac, capitaine de la garde urbaine, connu depuis longtemps pour un zélé partisan des Bourbons, informe le colonel des événements de la veille, et lui demande si l'escorte de Napoléon est assez forte pour parer à tout mouvement fâcheux. Cette escorte, on s'en souvient, n'existait plus, et l'Empereur était désormais sans défense; après les incidents du 24, le faire entrer dans Avignon, c'était vouloir qu'il n'en sortît pas vivant.

Atterré des craintes de M. Montagnac, sir Campbell invite la garde à protéger par tous les moyens le passage de Napoléon, dont la vie et la sûreté sont, dit il, sous la protection des *augustes alliés*. Le maire, M. Puy, intervient alors et propose d'envoyer un exprès avec avis de s'arrêter à une extrémité de la ville autre que celle où il devait naturellement passer. Par son ordre, les chevaux de poste sont conduits à la porte St-Lazare, où, par exception, s'effectuera le relai, et le capitaine Montagnac y court en hâte avec toute sa troupe, pour prêter main-forte au besoin. L'intention était certes des meilleures, mais la porte Saint-Lazare et le quartier de la Carreterie étant plus populeux encore que la place de la Comédie, le remède devenait pire que le mal et on pouvait tout craindre pour Napoléon, dont l'arrivée était maintenant imminente.

Vers 6 heures, en effet, trois nouvelles voitures, débouchant de la route de Lyon en Provence, faisaient halte à la porte Saint-Lazare. Dans la première, accompagné du général Bertrand, était Napoléon revêtu de l'habit vert des chasseurs de sa garde et de la légendaire redingote grise; dans la seconde, suivaient les commissaires étrangers; quatre officiers de la maison de l'Empereur occupaient la troisième.

Les voitures sont à peine arrêtées qu'une multitude furieuse les cerne de toutes parts, en poussant des hurlements frénétiques, et se rue littéralement à l'assaut du

convoi. Hommes, femmes, enfants, ouvriers des Carre-
teries, portefaix et mariniers du Rhône entourent la voiture impériale en la menaçant du poing, et — faut-il le dire?
— mêlent aux cris de : « A bas le Corse! » « A bas le tyran! »
celui de : « *Vivent les alliés!!!* » Calme, comme en un jour
de bataille, l'Empereur contemple cette scène émouvante
avec une impassibilité hautaine et semble étranger à ce
qui se passe autour de lui. Le général Bertrand, assis dans
le coin gauche de la voiture, imite son silence et garde la
même attitude.

Mais le flot du peuple va croissant, les imprécations re-
doublent, et des armes brillent parmi la foule, dont tout
l'effort se réunit sur la voiture de Napoléon; bientôt, la
main d'un homme saisit l'anneau de la portière. Un valet
de l'Empereur, assis sur le siège, veut tirer son couteau de
chasse (son sabre, d'après Chambaud?) pour défendre son
maître; sa résistance ne fait qu'exciter la fureur des assaillants..... Quelques secondes encore, et peut-être le plus
infâme assassinat va pour jamais ensanglanter la cité
papale!!

A ce moment, le capitaine Montagnac, accourant, fend
violemment la foule à la tête des quelques soldats qui ont
pu le suivre, et, au prix des plus grands efforts, parvient
jusqu'à la voiture impériale : « Malheureux! crie-t-il au
valet, ne bouge pas! » En même temps, empoignant
l'homme qui s'attache à la portière, l'officier le force à
lâcher prise, et, d'une main vigoureuse, le rejette en
arrière. Napoléon, qui, abaissant la glace de devant, a
donné à son domestique l'ordre de rester tranquille, fait
au capitaine un geste de remerciement. Mais, pendant ce
temps, le peuple, qui a achevé de reconnaître l'Empereur,
n'en paraît que plus décidé à revenir à la charge et à se
porter aux dernières extrémités. Justement effrayés de la
responsabilité qu'ils encourent, les commissaires étrangers veulent un instant mettre pied à terre et se joindre

aux soldats pour défendre le captif dont ils sont responsables. Mais quelques habitants, qui assistent en curieux à la scène, les engagent à ne pas quitter leur voiture, assurant que le respect dû à leur caractère sera pour Napoléon la meilleure des sauvegardes.

Montagnac, qui a pu rallier son faible détachement, fait alors croiser la baïonnette, refoule un instant le peuple, étonné de voir un royaliste ardent s'exposer ainsi pour défendre l'Empereur, et réussit à dégager les roues. Les chevaux sont rapidement échangés, puis la garde urbaine, au moyen d'un suprême effort, parvient à frayer un passage aux voitures. Saisissant le moment propice, l'officier crie alors au postillon de partir ventre à terre. Celui-ci cingle énergiquement son attelage, et les voitures s'élancent au triple galop vers la route de Marseille, au milieu d'une grêle de pierres, et suivies par les huées des Avignonnais, que la garde a peine à contenir. Il était temps, un instant plus tard et Montagnac était débordé ; l'Empereur n'eut, paraît-il, que le temps de mettre la tête à la portière et de crier : « Bien obligé ! » à M. Montagnac, qui lui avait sauvé la vie au péril de la sienne. Un moment après, il perdait de vue les remparts d'Avignon et les collines de Villeneuve, jadis témoins de ses premiers exploits, et qu'il ne devait plus revoir. L'arrêt à la porte Saint-Lazare avait été de quelques minutes à peine, et tout s'était passé en moins de temps qu'il n'en faut pour le raconter.

Chambaud prétend qu'une fois reparti, l'Empereur aurait dit au général Bertrand : « Diable ! je ne croyais pas que les Avignonnais eussent la tête si chaude ! »

Ce fut au relai entre Avignon et Orgon que, cédant aux instances des commissaires étrangers, Napoléon consentit à revêtir un uniforme autrichien, de façon à passer pour un officier de l'escorte. Les plus épouvantables désordres étaient annoncés à cet endroit, où l'attitude du peuple était plus menaçante encore qu'à Avignon. L'événement ne prouva que trop que, tout humiliant qu'il fût pour l'Empereur, ce déguisement n'était pas inutile, car c'est à cela seul qu'il dut de traverser Orgon sain et sauf. A partir de là, sa vie ne fut plus en danger, et il put, sans encombre, achever son voyage jusqu'au port d'embarquement (1).

Tel fut le dernier séjour de l'Empereur à Avignon, où, sans un obscur officier de la garde urbaine, dont la conduite fut celle d'un homme de cœur, Napoléon, victime d'une populace fanatique, eût trouvé la mort dans le Rhône, qui, d'après une expression avignonnaise, devait être l'année suivante « le tombeau du maréchal Brune ».

---

(1) D'après Laurent de l'Ardèche, Napoléon aurait été obligé *d'éviter* Avignon. Thiers, Vaulabelle et d'autres historiens plus autorisés racontent, au contraire, à grands traits, la scène dont Chambaud, *témoin oculaire*, donne tous les détails. Son récit, écrit le *jour même*, est, selon nous, l'expression de la vérité et jette la lumière sur cet épisode peu connu d'une période agitée.

OUVRAGES CONSULTÉS

Bonaparte et son temps, M. le général JUNG.
Archives d'Avignon.
Archives de Villeneuve.
Révolution avignonnaise, Abbé ANDRÉ.
Journal manuscrit et inédit du notaire Chambaud, déposé à la
  bibliothèque d'Avignon.
Chronique avignonnaise, J. JOUDOU.
Bulletin historique et archéologique de Vaucluse.
Le Souper de Beaucaire, NAPOLÉON.
Histoire du général Dessaix, Joseph DESSAIX et André FOLLIET.

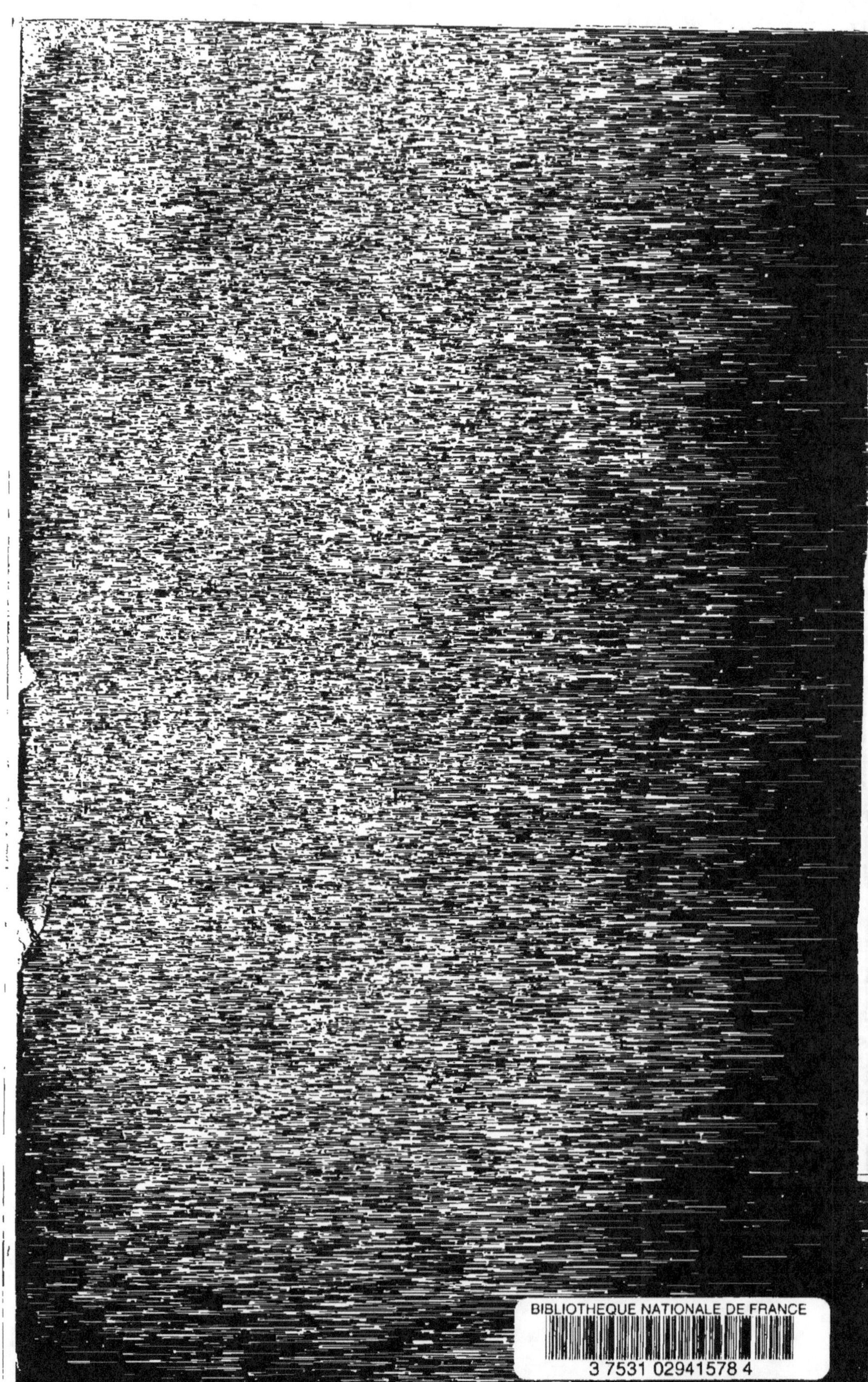
BIBLIOTHEQUE NATIONALE DE FRANCE
3 7531 02941578 4